子どもを読書好きにするために親ができること

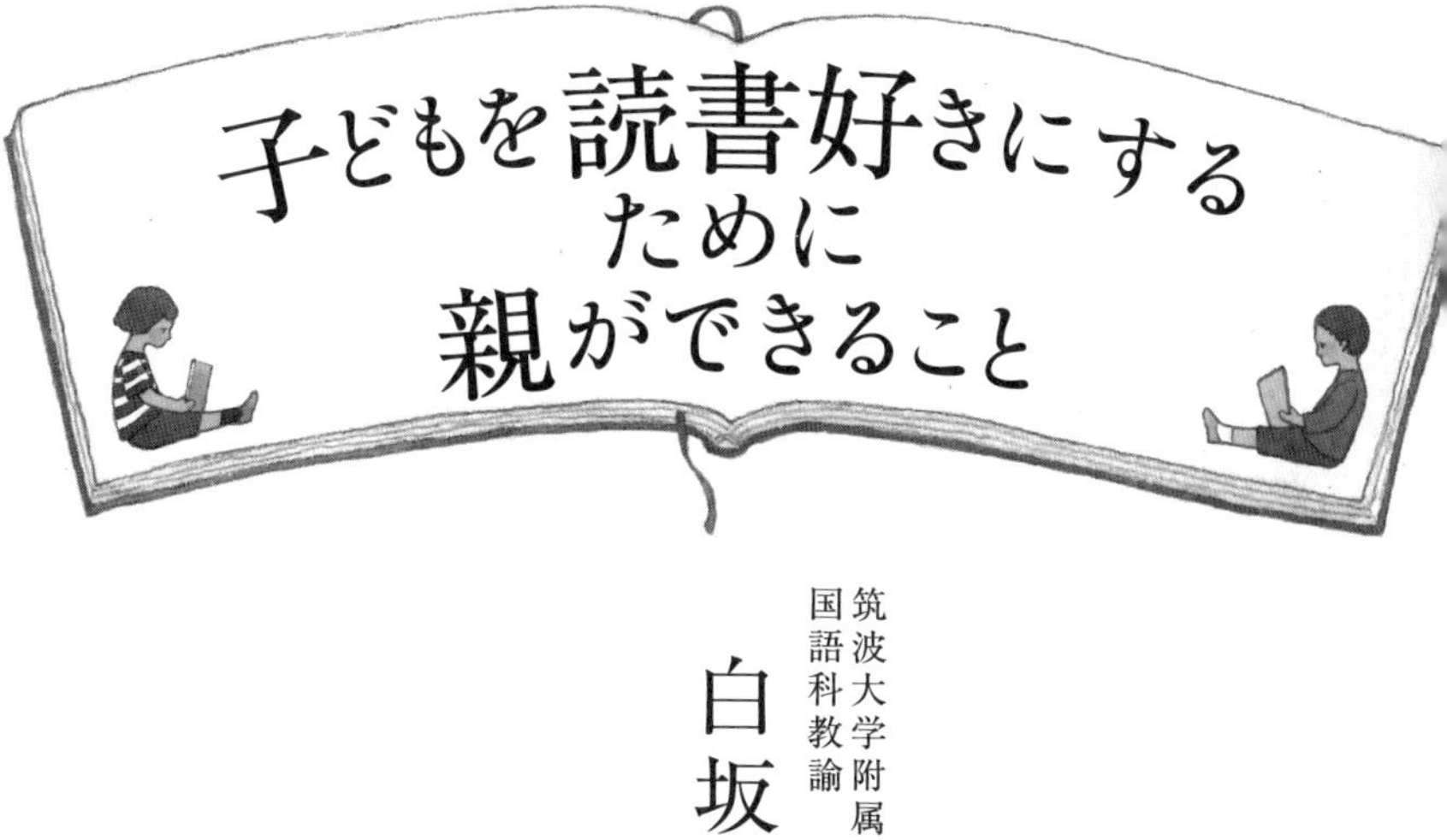

筑波大学附属小学校
国語科教諭
白坂洋一

小学館

子どもを読書好きにするために親ができること

はじめに　必ず「本」に戻ってくる子どもに育てよう

自分の子どもが、将来、読書を一切しない大人になっている――。

そんな状況を想像したことはあるでしょうか？

「社会人ともなれば、さすがに月に1冊くらいは何かの本を読んでいるだろう」

多くの方が、こう思うかもしれません。

しかし現実を見ると、子どもが本を読まなくなってしまう可能性がゼロではないことがわかります。

2019年に行われた全国大学生活協同組合連合会（全国大学生協連）による学生生活実態調査では、1日の読書時間が「ゼロ」と答えた大学生の割合が全体の48・1％に達していたことが判明しました。

つまり、大学生のほぼ2人にひとりが、読書を一切しない生活を送っているのです。

しかもこの傾向は、過去4年間、ずっと続いています。

このような傾向はこれからも続いていくのでしょうか。そうならないことを私は願ってやみません。

私は今、国立《こくりつ》筑波《つくば》大学《だいがく》附属《ふぞく》小学校《しょうがっこう》（つくふ）で国語科の教師を務めています。5年前に本校に赴任してくる前までは、地元の鹿児島の小学校で14年間、教えてきました。

そうした経験も踏まえてお伝えしたいのは、親や教師など周りの大人の働きかけによって、子どもたちは読書の素晴らしさに触れていくということです。言い換えるならば、周りの大人が何もしなければ、ますます子どもたちは本から離れていってしまう……。こうした懸念をひしひしと感じながら、私は日々、子どもたちと向き合っています。

本を読む時間を減らしているのは、大学生だけではありません。自覚している方も多いと思いますが、私たち大人も本を読まなくなっていっています。

理由としては、さまざまなものがあるでしょう。

大きな理由のひとつは「忙しさ」。仕事はもちろんのこと、家事や子育てなどに時間を取られ、なかなか読書に時間を割けません。多くの人たちが、学生時代に比べると本を読まなくなったと感じていると思います。

もうひとつの大きな理由は、やはりスマートフォンやSNS（ソーシャル・ネットワーキング・サービス）の普及ではないでしょうか。

スマホやSNSの影響は実に甚大です。利便性を考えれば、それも十分に理解できます。実際、私自身もスマホはよく使っています。

しかし、その便利さゆえに中毒性がものすごく高いのです。スマホや携帯電話、SNSの存在が、大学生や大人から読書の時間を奪っているのも事実でしょう。

内閣府から発表された「令和元年度青少年のインターネット利用環境実態調査」によると、小学生のインターネット利用率は86・3％。ほとんどの小学生が利用していることがわかります。利用するにあたっておもに使用しているのがスマホ、タブレット、携帯ゲーム機です。これらが子どもたちにとって身近な存在であることは、こうしたデータからも見てとれます。つまり、小学生の時点で、すでにスマホなどの影響を十分に受けているのです。

小学生の時期は、子どもに読書の習慣を身につけさせるのに最適な「黄金期」なのに、何もせずにこの時期をやり過ごしてしまえば、読書の習慣を身につけられるせっかくの機会を無駄にすることになる。それだけは何としてでも避けなくてはなりません。

小学校を卒業し、中学生、さらに、高校生になると、ほぼ全員がスマホをもち、SNSを活用し始めるでしょう。

もしも、小学校卒業までに「本の面白さ」「本の楽しさ」に触れる経験がなかったら、何のためらいもなくスマホやSNSの魅力にとりつかれ、「本」の存在に思いをはせることなくデジタルの面白さしか知らない大人になってしまうのではないでしょうか。

大人でもスマホやSNSの誘惑に打ち克つのは難しいのです。一度それらに夢中になった子どもの関心を、本に向けさせるのはもはや不可能に近い気さえします。

だから私は、この本を書きました。

読書は子どもたちに数々の恩恵を与えてくれるものです。

人間性を高められる、感受性が豊かになる、知識が得られる、学力が上がる、心が穏やかになる、楽しめるなど、挙げていったらキリがありません。詳しくは、本書のなかでじっくりと案内していこうと思います。

本の素晴らしさを一度知ってしまった子どもは、一生、本を手放すことはありません。

大きくなってスマホやＳＮＳに魅了されたとしても、必ずまた本に戻ってくるでしょう。

みなさんが本書を手に取ってくれたのは、子どもに読書の素晴らしさを知ってもらいたいと願っているからだと思います。

私自身、３人の娘の父親でもあり、つねに同じ気持ちをもち続けています。読書の大切さを感じ、子どもたちに読書の習慣をつけてもらいたいと考えながら、親としてできる限りのことを毎日行うようにしているのです。

本は、読む人の生き方に大きな影響を及ぼします。

いつも隣にあって、伴走者のような役割を果たしてくれるのも本です。

またあるときは、自分を知るための鏡のような存在にもなってくれます。心に迷いが生じたとき、進むべき方向を示す羅針盤の役割を担ってくれるのも本の魅力です。

読書は、一見すると孤独な作業のように映るかもしれません。しかし、読書をする人の心のなかは孤独とはまったく無縁です。主人公とともに世界を駆け巡り、気持ちをぴったりと寄り添わせ、楽しくなったり、悲しくなったり自由自在に感情を震わせているのです。本のなかの一文に感銘を受け、救われたという気持ちになることだってあります。

人間や社会がもつ多様性を読書によって感じ、さまざまな出来事にしなやかに対応できるようにもなるでしょう。

読書の魅力を知っている子どもは、とにかく強い。これが私のゆるぎない考えです。

そんな本の良さを子どもたちにも実感してほしい――。

本書を通じ、その思いを共有していただければ幸いです。

*

読書は、子どもの心をよく映し出します。

親自身、小さいころに読んでいた本を思い出せば、自分がそのとき何に興味をもち、どんな夢を抱いていたのかが蘇《よみがえ》ってくるのではないでしょうか。

読書をする子どもたちは、まさに今、その段階を迎えています。日々、本によって興味を膨らまし、自らの夢を育てている真っ最中なのです。

高学年になって思春期にさしかかると、親子の会話は次第に少なくなってくるかもしれません。そうであっても、子どもがどんな本を読んでいるのかを知り、それを手がかりとすることで、親は子どもの心にもっと近づけるのです。子どもたちの読書の習慣を支えながら、彼らの成長を見守っていってください。


これから、子どもに読書の習慣をつけるためのたくさんのアイデアや方法を紹介していきます。国語科教師として学校で実際に取り入れているものもあれば、父親として家庭で実践しているものもあります。どれも身近なものですし、誰にでもできるものばかりです。

ぜひ参考にしていただき、本好きの子どもを増やしていってください。

もくじ

本書では協力者などのプライバシーを考慮し、固有名詞や具体的な出来事などを変更しているところがあります。

1 びっくりするほど伸びる子の読書の習慣

人を変えてしまう「読書の力」

「子どもに読書の習慣を身につけさせたい」

こう望むのは、親として当然の気持ちです。

実際、読書には、数多くのメリットがあります。それらのなかから代表的なものをいくつか挙げてみましょう。

・語彙が豊かになる
・知識が得られる
・心が穏やかになる
・表現力が高まる
・読解力がつく
・人間性を高められる
・物語を楽しめる

・集中力がつく
・感受性が高まる

ざっと思いついただけでも、これだけ出てきます。もちろん、これら以外にも多くの人がさまざまなメリットを実感しているはずです。

一般的に語られるこれらのメリットに加え、私は常日頃から「読書には人そのものを変える力がある」と感じています。この点も読書によるメリット、魅力だと思うのです。

筑波大学附属小学校（以下、つくふ）に転任してくる前、地元鹿児島県の公立小学校で教えていたときから、私は読書の大切さや楽しさを子どもたちに知ってもらおうと考え、本に触れられる機会をできるだけ多くつくろうと努めてきました。

そうした取り組みを続けるうちに、読書が子どもたちを劇的に変えてしまうという出来事に何度か遭遇しています。そうした実体験もあり、「読書には人そのものを変える力がある」と考えているのです。

そこでまず、私が経験したいくつかの例を紹介し、読書がもつ大きな力に目を向けてもらいたいと思います。

本好きに変わったある男の子

ある年に1年生を受けもったときの経験は、今でも鮮明に覚えているほど読書による大きな力を感じた出来事でした。

このとき担任したクラスには、マサシという男の子がいました。

マサシは、元気が有り余っているようなとても活発な子でした。彼は、友だちと意見がぶつかってはたびたびけんかをすることがありました。

ところが、1年生の終わりころになると、彼の様子に変化が現れ始めます。

入学したばかりのマサシは、ひとつの物事になかなか集中できずに、注意が散漫になることが多かったのですが、それが少しずつ変わり、落ち着きが出てきたのです。

さらに進級して高学年になるころには、クラスの中でリーダー的な存在になっていきました。

小学校に入学してから、マサシは幼いなりにさまざまな経験をし、成長していったのだと思います。しかし、数年にわたって彼の成長を見守ってきた私には、彼の成長には読書が大きな影響を与えたという実感があるのです。

入学式が終わっていよいよ授業が始まると、私は最初の1週間を使って、毎日読み聞かせを行っていました。

当時のマサシは、授業で読み聞かせが始まると、本の内容には興味をもたず、教室のうしろを歩きまわってしまうのでした。初日、2日目とそんな様子で、3日目になっても席を離れて教室のうしろを歩きまわっていました。

ところが4日目になると、彼の様子はそれまでと少し変わってきます。

私が読み聞かせを始めると、マサシは歩きまわるのをやめ、立ったまま読み聞かせをする私のほうに関心を向けたのです。そのしぐさに気がついた私は、すぐにマサシが変わるチャンスではないかと感じました。

そのとき、私が読んでいたのは長谷川摂子の『めっきらもっきら どおんどん』です。

この本のなかで、主人公かんたは大声で歌を歌います。その歌を面白いと思ったのか、マサシはその言葉をつぶやきながら、読み聞かせに興味を示したのです。

「マサシ、本好き?」

授業のあと、私は彼に尋ねました。

「あんまり読んだことないけど、好きかな」

返ってきたのは、こんな答えでした。

この日以降、国語の授業の最初の時間を使って読み聞かせをすると、マサシは教室の一番前のほうに来て話を聞くようになるのです。

読書には親子の関係まで変える力がある

入学式からしばらく経ち、子どもたちが学校に慣れてくると家庭訪問の季節がやってきます。私はこのとき、学校での様子と、入学してからの変化をお伝えしようと思っていました。

マサシの家を訪れてわかったのは、ご両親ともにお仕事をされていて、毎日が本当に忙しいということでした。そのため、時間がなかなか取れず、子どもに読み聞かせをする機会などこれまでなかったとのことです。

にもかかわらず、マサシが最近になって本に興味をもち始めたことをお父さんはすでに感じ取っていました。その変化に気づいたお父さんは、時間をつくって読み聞かせに挑戦してみたいと話してくれたのです。

当時、私が教えていた小学校のPTAでは、子どもたちに読み聞かせをしてくれるボランティアを保護者から募っていました。マサシのお父さんはすぐに行動を起こし、ボランティアへの参加を決めると、子どもたちに読み聞かせをしてくれるようになったのです。変化はマサシにだけでなく、お父さんにも現れ始めていました。

読み聞かせのコツをつかんだお父さんは、学校でのボランティアだけでなく、家でもマサシに本を読んであげるようになります。それと並行して、マサシの読書欲もぐんぐんと高まり、本を読む機会、図書室に行く機会が増えていくのです。

こうなると、変化は誰の目から見ても明らかでした。

まず、自己中心的な面がマサシから消えていきます。それだけでなく、相手のことを理解する気持ち、つまり「共感力」が強くなったように担任の私の目には映りました。

その後、担任から外れますが、上の学年になって再びマサシの担任になると、本を読む量がかなり増えているのに驚かされます。3年生で絵本を卒業すると、マサシは図鑑や科学読みものにはまっていきます。

それだけでなく、マサシは学習に対しても積極的な姿勢を見せ、新たに加わった理科や社会などの教科にも興味をもっていきました。

さらに5、6年生になると、体格もよくなり、学級内でも頼りがいのあるリーダー的な存在として人を引っ張っていける子どもに成長していったのです。

マサシの変化について考えると、すべてではないにしても、1年生のときに読書の習慣が身についたことがかなり大きく影響したと思います。加えて、お父さんがマサシの変化を見逃さず、その変化を後押ししてあげたのもプラスに働きました。

言うまでもありませんが、子どもと親の間には、実に密接な関係があります。親の関わり方が変われば子どもは変わり、逆に、子どもが変われば親の関わり方も変わるのです。だからといって、親の関わり方を大きく変える必要はありません。たったひとつ変えるだけでいいのです。

読書をきっかけにしてマサシに訪れた変化は、そのことを私に強く感じさせてくれるものとなりました。

そしてこの例のように、読書習慣を身につけることによって、びっくりするほど伸びていく子を、私は教員の立場で何人も見てきました。

本書ではそういった実例を、このあとの各章でも、できるだけ紹介していこうと思います。

読書が子どもに必要な理由

「そもそも読書は必要なのでしょうか？」

そう多くはありませんが、このような基本的かつストレートな質問を受けることもたまにあります。この質問については、確かに一度しっかりと考えてみる価値はありそうです。

ほぼすべての親は、「読書は子どもにいい」と考えているのではないでしょうか。しかし、「なぜ読書が子どものためになるのか」についてしっかりと答えられる人は、あまり多くないような気がします。これについて、教師という立場から答えてみようと思います。

読書がいい理由はたくさんあるのですが、ここでは2017年に文部科学省が告示し、2020年度より小学校で本格実施となった学習指導要領に基づいて説明してみます。

これまでの学校教育では、国語にしろ、算数にしろ、どちらかというと各教科に関わる知識・技能を得ることに重点が置かれてきました。要は、何を知っているか、何を理解しているかといった内容（コンテンツ）が学習の中心になっていたのです。

ところが、2017年に発表された学習指導要領では、これまでとは異なる新たな方針が示されました。これにより、「何ができるようになるか」といった資質・能力の育成が中心となったのです。

したがって、今後の学校教育では、従来のような知識・技能だけでなく、それらをいかに使いこなせるかという資質・能力に重きが置かれていきます。目の前にある問題をいかに解決していくかという「問題解決力」を育むだけでなく、これからは自分たちで課題を見つけ出し、それに対する解を自分たちで導き出そうと設定する力、つまり「課題設定力」が求められていくでしょう。実際のところ、社会人になったときに役立つのは、この力なのです。

この能力を身につけるために最適なのが「読書」だと私は考えています。

読書によって課題設定力を養うには、本を読むなかで生まれてくる「？（問い）」や

「！（願い）」を大切にしながら読み進められるようになるとよいでしょう。

たとえば、レオ・レオニの『スイミー』という魚が登場する低学年（1、2年生）向けの物語に、スイミーが「ぼくが目になろう」と発言する場面が出てきます。このとき、「スイミーは怖くなかったのかな？」「これを言われて小さな赤い魚たちはびっくりしなかったのかな？」といった素朴な問いを大切にしながら、想像力を巡らせて読むようにするのです。こうした読書の仕方は、課題設定力を発達させるための初歩の段階になります。

さらに中学年（3、4年生）、高学年（5、6年生）になって、物語を読むときは、「このとき、本当はどんな気持ちだったんだろう？」「別な人物の立場から見ると、どんな物語になるだろう？」と、文章を根拠に視点を変えながら読んでいくようにするのです。また推理ものを読むようになったら、今度は「犯人はこの人かもしれない。なぜなら……」という仮説を立てて読み進めていきます。

ジャンルが変わって科学読みものなら、「実験の結果は、おそらくこうなるだろう」という仮説を立てて読むといいでしょう。

こうした読み方をすることで、これから求められる力を高めていけるのです。

読み方が発達してくると、子どもたちは読書を行動に結びつけていきます。たとえば、ジャン・アンリ・ファーブルの『ファーブル昆虫記』を読み、「フンコロガシと同じような行動をとる虫は存在するのだろうか？」という課題を自分で設定したとしたら、そのほかの昆虫の生態を調べるという行動に結びつけるようになるでしょう。

実際に調べてみることで、子どもたちは物事を分析的な視点で見たり、客観的な立場で捉えたりする姿勢を学んでいきます。

本との向き合い方を考えた場合、これは大きな進歩といっていいでしょう。本を読むことで、子どもは新たな課題を見つけ、その課題を解決する作業をしながら課題設定力を強化していくのです。

こうしたことを踏まえれば、読書は子どもに欠かせないという理由が理解できると思います。

子どもが本に触れる機会をまず親がつくる

「子どもに読書の習慣をつけてもらうために、親はいったい何をすればいいのだろうか……」

その答えがわからずに、多くの保護者が悩んでいます。

私はこれまで、国語の教師として読書に関する数多くの質問に答えてきました。その経験に基づきながら、子どもたちに読書の習慣を身につけさせる方法について語っていこうと思います。

まず基本的な部分から説明しましょう。子どもが本に触れる機会をつくるための第1ステップに「読み聞かせ」があります。その際に不可欠なのが、「時間」と「人」です。この2つは、家庭であっても学校であっても、子どもの関心を読書に向けるためにどうしても必要な要素となります。

読書だけでなく、似たようなことは子どもがスポーツや習い事をするときにも言えるのではないでしょうか。「時間」と「人（指導者）」という条件は、どうしても必要になってきます。

読書の習慣を子どもたちに身につけさせるためのスタート地点の段階でも、私はこれらの条件を整えてもらうように伝えているのです。

読み聞かせを始めるのは早いほどいい

私の家庭では、寝る前に時間をつくり、私か妻のどちらかが子どもたちに本を読むようにしています。

まずは子どもが読みたい本を1冊ずつ、そしてもう1冊は、親が子どもに読んでほしいと思う1冊です。このようにして読み聞かせを毎晩行っています。

毎日欠かさずに読み聞かせをするのはなかなか大変です。でも、無理をする必要はありません。まずは週末だけなど、できるときからでいいので子どもが本と出合う機会をできるだけつくってあげましょう。子どもはあっという間に成長しますから、まずは時間を見つけ、こつこつと続けるなかで次第に習慣づけていくといいでしょう。

『子どもの心を動かす読み聞かせの本とは』(岡崎一実、野口武悟共編、日外アソシエーツ)

によれば、読み聞かせは「物語の共有」「時間の共有」「場の共有」の機会を親子に与えてくれるとあります。

親が子どもに読み聞かせができる時間は限られています。そのなかで「読みたい本はどれ？」などと声かけをして、子どもと本が出合う機会をつくってみてください。

読み聞かせを習慣づけるコツは、子どもが小さいうちから始めるということに尽きます。したがって、読み聞かせの開始時期は、早ければ早いほどいいでしょう。子どもが幼いころから始めれば、習慣づけはより容易になるのです。

お父さんやお母さんが読み聞かせをしてくれる。子どもの側に立ったとき、それほどうれしいことはないでしょう。あとは、親がそれを続けてあげられるかどうかです。

民間教育団体の読書教育研究会が公表した読書能力に関する指標はひとつの参考になります。それには、読書の入門期は4歳から始まり、小学校入学時にあたる6、7歳には初歩の読書期、3年生になるといろいろな本を読み広げる多読期が訪れて、その後、中学校に進学すると、成熟期を迎えるとされています。

このようなペースで、読書の習慣とともに子どもの読書能力を発達させていくのが理想的です。私の家庭でも、この指標を参考にしながら、子どもたちに読み聞かせをし、子どもたちに読書の習慣が身につくように心がけてきました。

いずれにしても、最初は子どもが本に触れる機会を親がつくることが大事なのです。その機会をできる限り多くつくることで子どもは自然と本に親しみを覚え、読書の習慣も自然と身につけることでしょう。

きっかけをつくってあげられるのは、お父さんやお母さん、そして周りの大人です。まずは読み聞かせの時間をつくり、子どもに本を読んであげるところから始めてみてください。

読み聞かせを長続きさせる工夫

読み聞かせをするとなると、子どもたちが寝る前の時間を選ぶ家庭が多いと思います。ただし、共働き家庭の場合、夕食、入浴、後片づけ、明日の準備をしているうちに遅い時間になってしまい、寝かしつけるのに精いっぱいという状況になってしまう日もあるでしょう。こうなると、読み聞かせをするどころの話ではありません。

私の家庭でも、夕食の時間が少し遅くなったりすると、就寝までの時間が短くなり、読み聞かせをするのが大変な日が出てきます。それでも寝る前の読み聞かせだけは、できる限り続けるようにしています。

続けられる理由は、そのときの状況に合わせて、読み聞かせのやり方を変えているからです。たとえば、時間に余裕があるときには4冊読んでいるところを、時間のないときには半分に減らし、時間の短縮を行っています。

就寝の20～30分前には寝室に行く子どもたちに合わせ、親はそれまでに夕食の後片づけや明日の準備などをできるだけ終わらせるようにしています。

私の家庭には子どもが3人いるため、読み聞かせをする場合は、子どもの読みたい本と親の選んだ本とで計4冊読まなくてはなりません。そのため、すべて読むにはそれなりの時間が必要でした。

しかし、長女が中学校に入学してからは、読書は完全にひとりでするようになったので、今は次女と三女に読み聞かせをするだけになりました。とはいえ、長女は読み聞かせが嫌いになったわけではなく、ときどき妹たちにまじって一緒に聞いています。

3人の子どもたちに読み聞かせをしていたころ、どうしても時間がない場合は、ベッドに早く入れた先着2人の子どもの本を読むという方法を取り入れたこともあります。こうなると、最後になった子どもは、自分が選んだ本を読んでもらえません。

しかし、これが思わぬメリットをもたらしてくれることもあります。最後になってしまった一番下の妹を思いやり、長女が自分の順番を譲ってあげたり、別の日にお返しとして妹が姉に順番を譲ってあげたりするなど、相手への思いやりを育む場になったのです。子どもの間でこうした譲り合いが見られたら、その行動を認め、私は必ずほめるようにしています。このように、読み聞かせの場は子育てという側面からも有効な場なのです。

子ども2人のために3冊の本を読む場合、30分くらいはかかるはずです。子どもが選んだ本が分厚いと、全部読み終えるまでに40分以上かかってしまうこともあるでしょう。これが毎日続くとなると、読み聞かせる側の親は気が滅入り、継続が困難になってしまうかもしれません。

平日に読み聞かせの時間をとるのが難しいという家庭もあるでしょう。その場合は、読み聞かせの方法を少し変えてみてください。たとえば、寝かしつけと読み聞かせを同時に行います。部屋を暗くして、添い寝しながら昔話や短い物語を語り聞かせるのです。その場でお父さんやお母さんがお話をアレンジしたり創作したりするのもいいでしょう。共働きである我が家の場合も、忙しいときに寝かしつけながら語り聞かせるこの方法を取り入れていました。平日に読み聞かせができない場合、休日にゆっくりと読み聞かせをする時間をとるのも良い方法です。

挿絵を見せながら行う読み聞かせは、言語獲得や想像力を育む面からも効果がありますから、読み聞かせはしたほうがいいのです。

また読み聞かせは親子ふれあいの場でもあります。休日の昼間にふれあいの一環として、読み聞かせを取り入れるのもいいでしょう。他にも、親はすぐそばにいるだけにして、「今日はあなたが読む番ね」と伝えて子どもに読んでもらったり、兄弟姉妹がいる場合は、1行ずつ交代で読んでもらう方法もあります。登場人物を子どもたちに割り当てて、その人物のセリフになったら読ませたりするなど、子どもたちを飽きさせないようにするのと同時に、親の負担も軽減できる工夫をするといいでしょう。

読み聞かせの方法の提案

読み聞かせは、本への親しみを育み、さらに親子にとって大切な触れ合いの時間をもたらしてくれるものです。また、幼児期から低学年の間は、子どもたちの言葉の獲得を促す役割も果たしてくれます。

非常に有益な読み聞かせですが、いざ行うときには、主役はあくまでも子どもであり、読み手である大人は、本と子どもをつなぐ役割に過ぎないということを覚えておきましょう。

子どもたちは、本から受ける印象を自分の感性で豊かに捉えていきます。読み手はできるだけ前面に出ていかないようにし、本を読み聞かせる役割に徹するのです。

おもに絵本に焦点を当て、読み聞かせのコツを次にまとめてみました。絵本だけでなく、本全般に共通する点ばかりなので、参考にしてみてください。

本の持ち方、見せ方

片手で本のノド（本を開いたときの左右のページの谷間の部分）の下部分をもち、脇をしめて本が前後左右に傾かないようにします。もう片方の手で、絵が見えやすいようにページの端を押さえます。ポイントは親指を立ててもつことです。

読み終わったあとは、本の裏表紙まで見せてください。絵本の場合、表紙から裏表紙まで物語が続いていることも多くあるからです。ときには、文章のないページがあるかもしれません。文章がなくても子どもたちは自由にその世界を楽しみ、想像を膨らませていきます。ですから、文章のないページも含め、表紙から裏表紙まですべてを見せましょう。

ページをめくる際は、絵をじっくり見せるため、ゆっくりめくります。

読み方

部屋のなかなら、大きな声を出す必要はありません。穏やかな調子で淡々と読むことが、子どもたちを本の世界に入り込みやすくします。

紙芝居のように抑揚をつけすぎてしまうと、子どもの絵本への興味が中断され、読み手の印象を植えつけてしまう恐れがあるので気をつけてください。

絵本と紙芝居は異なるものです。だから読み方も異なります。紙芝居は「芝居」であり、たとえば子どもたちが外で遊べないときに、「元気に遊びたい」という欲求を発散させるのには向いています。一方、絵本の読み聞かせは、心を落ち着ける効果を期待するもので、まったくの別ものなのです。

読み聞かせをしていて、気づかないうちに早口になっていることもあります。子どもたちが物語に集中できるように、はっきり、ゆっくり、心を込めて読んであげるようにします。

大げさに声色を変えたり、身ぶり手ぶりや表情で読み方に抑揚をつけたりすると、子どもは本の世界から現実に引き戻されてしまいます。子どもの想像力を途切れさせないようにしてください。

読んでいる途中、動きをつけたくても、本は動かさないことが大事です。表現上の工夫であっても、本やそこに描かれている絵が動いてしまうと、子どもたちは何も読み取れなくなります。とくに絵本の場合、メインである各ページの絵はしっかりと見せるようにします。

絵本に書かれた文章は、その場面の絵とうまく合うように考えられたものです。ひとつひとつの言葉を説明したり、言い換えたりすることなく、子どもが言葉のリズムや音《おん》を楽しめるように読むといいでしょう。

本の内容について、子どもが興味をもって質問してきたときは、それに答えてあげます。ただし、「このあと、どうなると思う?」「どう?　面白い?」など、大人から質問を投げかけたり、事前に言葉の意味を説明したりするのは避けてください。これをすると、本の世界への集中力や想像力を途切れさせてしまいます。

子どもたちの反応を見ながら、もしもわからないような言葉が出てきたときには、その言葉が示す絵をそっと指でさしてあげるなど、読み聞かせを中断しなくても理解できる工夫を、読み手の側で、または読み手である大人が行ってください。

時間が足りないからといって、文章をカットしてはいけません。

子どもにとっての読み聞かせは、大人が映画やテレビドラマを見るようなものと置き換えて考えてみるとわかりやすいと思います。せっかくその世界に没頭して見ているのに、途中で解説や質問が入ってきたらうっとうしいと思うのではないでしょうか。また、時間が足りないからといって、内容をカットされたらイライラするはずです。子どもも同じように感じるので、読み手は聞き手である子どもの側に立ちながら読んでみてください。

読んだあとの接し方

大人から感想を聞くことはなるべく避け、物語の余韻を楽しませてあげましょう。

読み聞かせでは、子どもたちの心のなかに広がった本の世界を大切にしていきます。「どうだった？」「面白かった？」と立て続けに質問し、いい感想（言い換えるなら正解）を聞き出したくなる傾向が親にはあります。こうした行動の根底には、「子どもが本当に理解しているかどうかを確かめたい」という気持ちがあるのでしょう。

これが度を越えて、「この字は何て読むかわかる？」「主人公が出てきたあと、最後にはどうなった？」と質問攻めにしてしまうと、もう読み聞かせはテストと同じです。子どもは読み聞かせの時間を苦痛に感じてしまうでしょう。

本を読み終わったときや、映画やドラマを見終わったとき、いちいち感想を求められたらどんな気持ちになりますか？　余韻を味わいたいときもあるはずです。しかも、内容について、つねにテストされるとしたら……。考えるだけでゾッとします。

相手の立場になって考えることが思いやり。それは子どもに対しても同じです。

読み聞かせの際に親が犯しがちな間違い

読み聞かせは、子どもによる自発的な読書を促すための助走のようなものです。

元来、この読み聞かせが嫌いな子どもはいません。もしも読み聞かせを嫌がる子どもがいたとしたら、大人がそうさせてしまったことも考えられます。

では、何が子どもを「読み聞かせ嫌い」にしてしまうのでしょうか。

確実に言えるのは、子どもを思う「愛情」や「期待」が大人の「勝手」や「下心」へと変化したとき、それを感じ取った子どもは読み聞かせを嫌がるようになるということです。親によるこの変心は、もっとも犯してはならない過ちです。

大人の「勝手」と「下心」には、おもに次の2つのパターンがあります。

①強《し》いる、強要する

読み聞かせをしている途中で子どもがその場を離れてしまったりすると、大人はつい、「せっかく読んであげているのに」と思ってしまいます。

では、「せっかく」には、大人のどんな思いが込められているのでしょうか。

「(やらなくちゃいけない家事がたくさんあるのに)私はあなたのために時間をつくってあげているんだよ」

そんな思いが声になって聞こえてきそうです。さらに「読んであげている」という言葉には、恩着せがましいニュアンスがあります。

こういう気持ちが伝わってしまうと、いくら読み聞かせをしても子どもたちは楽しいと思ってくれません。しかも、読み終わるまで力ずくでその場に留まらせようとすれば、読み聞かせに対する印象は悪くなる一方です。

いずれにしても、「無理に強いる」のは、よくありません。大人だって、最後までなかなか読破できない本があるのです。別の何かがしたいのに、もしその本を最後まで読み終えることを強要されたらどうでしょうか。その本に対する興味はなくなってしまうと思います。

本だけでなく、子どものスポーツや習い事でも同じです。無理にやらせていたら、幼いころはどうにかごまかせても、のちのち反動が出たり、反発を招いたりするかもしれません。

子どもが読み聞かせから避けるようになったら、読書の習慣をつけるどころの話ではなくなります。そうならないためにも、親は子どもに無理強いをしないように気をつける必要があるのです。

②しつけに利用する

「このようにしないといけない」

「こんな人間になりなさい」

本の内容や主人公を引き合いに出しながら、その本をお説教の道具、価値観を押しつける道具として利用し始めると、子どもは本を楽しむものではなく、小言のために使われるものだと認識してしまいます。こうなると、子どもたちは読み聞かせを嫌いになっていくでしょう。

しつけと読み聞かせを一緒くたにするのはやめましょう。しつけはしつけで、適切なときにすればいいのです。読み聞かせで重視すべきなのは、子どもたちにとって楽しいかどうか。ここに注意を向けましょう。

子どもが本と出合う機会をつくるために読み聞かせをすすめてきましたが、無理強いして本を読ませたり、道具として本を利用し、親が読ませたい本ばかりを押しつけたりすると、子どもの反発を招いてしまうケースもあります。

熱心になるのはもちろんいいのですが、何のために子どもと本を出合わせるのかを再確認し、つねに子どもの気持ちに寄り添う姿勢を忘れないことが大切なのです。

2 子どもを読書好きにするために親ができること

子どもが本に親しむためのきっかけづくり

このところよく、朝の活動に読書タイムを取り入れている小・中学校が多いと聞きます。きっかけとなったのは、ある学校が生活指導の一環で朝読書を導入したところ、生徒たちが落ち着いて生活し、学習に取り組むようになったといういくつかの事例があったからのようです。

私自身、鹿児島で教員をしていたころは、赴任したすべての学校で読書タイムを朝の活動に取り入れ、さらには親子読書も行っていました。

鹿児島では親子読書を取り入れている学校がたくさんあります。親子読書が活発になったのは、『大造じいさんとガン』や『マヤの一生』などの作品で知られる児童文学作家の椋鳩十《むくはとじゅう》さんの影響が大きかったと言えます。彼が鹿児島県立図書館の館長を務めていた時期に、自ら指揮を執って始めたのが親子読書でした。

その具体的な内容は、「親子20分読書運動」というもので、親と子の交流を通して読書の世界を子どもたちのなかに広げていく運動でした。私自身も子どものころに、この親子読書を体験したひとりで、それを介して本に慣れ親しんでいった思い出があります。

県立図書館長を務めるころから、椋さんは県立図書館に学生や先生たちを集め、熱心に読み聞かせの方法を指導していました。その後、椋さんの門下生たちが県下の学校に散らばり、親から子どもへの読み聞かせを広めていったのです。

私は、椋さんから直接習ったという方から読み聞かせの方法を教えてもらったことがあります。

その方は、私が教えてもらったときには、すでに70歳を超えていました。それでも、私の小学校に1週間に何度かやってきては、子どもたちに読み聞かせをしていたのです。彼女は、子どもたちと新しい本とを出合わせてくれる接点のような存在でした。

そのころは、学校の図書室はいつも満員で、ほとんどすべての子どもたちが本に親しんでいたという記憶があります。

今振り返ると、もしかしたら子どもたちはとくに本に興味をもっていたのではなかったのかもしれません。それよりも、ただ単に本を通しておばあさんの話を聞くのが楽しかったのではないでしょうか。最初のきっかけとしては、それでいいのです。ちょっとした興味や関心から始まり、次第に物語に興味を持ち始め、気がついたら、本を借りに行くようになっていたとしたら、それは喜ばしいことです。

その後、転任した別の小学校では、月に一度、ＰＴＡのボランティアが来校し、朝の時間に読み聞かせをしていました。この小学校も、読書に力を入れていたのです。全国にもこうした取り組みをしている学校はたくさんあると思います。鹿児島にもこうした学校がたくさんあり、子どもが本と親しめる機会が積極的につくられていました。

大切なのは「楽しさ」や「うれしさ」

親から子どもへの読み聞かせだけでなく、地域によっては地区の大人が子どもたちに読み聞かせをしているのも鹿児島の特徴です。

鹿児島には社会教育の一環として地域ごとに「あいご会」という組織があります。各地域では、地元のおじいさんやおばあさんが子育てに関わり、月に1回、子どもたちが楽しめるような活動を催していました。学校の教員もこの活動に協力し、地域ぐるみの社会教育がなされていたのです。

私が関わったあいご会には、名物のようなおばあさんがいました。気さくで、誰にでもすぐ声をかけてくれ、自然と人が寄ってくる温かみのあるおばあさんでした。彼女はいつも、公民館で子どもたちに読み聞かせをしていたのです。

これらの活動を見てきて、子どもの読み聞かせには、家族だけでなく、地域の人たちも関われるということを知りました。

子どもを本に親しませるために必要なのは、まずは「お話は楽しい」と思ってもらうことです。最初は、本が好きという感覚よりも、「地域のおばあさんに読んでもらうのが楽しい」とか「友だちと公民館に行くのが楽しい」といった理由でもまったくかまいません。それをきっかけにして、徐々に本との距離を縮めていけばいいのです。

夜、寝る前にお父さんやお母さんが読み聞かせをする場合、子どもはニコニコしながらお話を聞いてくれることでしょう。「どんなお話だろう」とわくわくする気持ち、そして何より親のそばにいられるから「うれしい」とか「楽しい」という気持ちがその表情から感じられます。そうした子どもの感覚を軽視せずに、その気持ちを上手に刺激して、本との距離を近づけてあげるといいでしょう。

時には子どもに読み聞かせをしてもらう

本に触れるのが好きになってくると、寝る前の読み聞かせの時間でなくても、子どもたちは「これ、読んで」と言ってきたりするでしょう。こんなとき、食事の準備をしていたり、家事をしていたりすると、読んであげたくてもなかなか時間がとれません。

もしも手が離せないときに読み聞かせをせがまれたら、「忙しいから今、ダメ」「ひとりで読みなさい」と一方的に伝えるのではなく、「ちょっと今、忙しいから、今日はあなたが読んでくれる？」と伝え、子どもに読み聞かせをしてもらってみてくださ い。立場を入れ替えてみるなど、その場に合った対応をしながら本に触れる機会をつくってあげればいいのです。子どもの側になって考えると、やはり「一緒に」読みたいのです。

私の場合も、洗濯物をたたんだり、皿洗いをしながら、子どもたちによく読み聞かせをしてもらいました。本を読む役割はつねに親である必要はないのです。

子どもが声に出して読む音読には、メリットがたくさんあります。

まず、音読に耳を傾けながら、子どもが文字をしっかりと読めているかどうかが確認できます。つまり、子どもを質問攻めにしなくても、子どもの理解力を把握できるのです。

次に、子どもと一緒に本の世界を楽しめるというメリットも見逃せません。子どもは子どもなりに、本のなかの登場人物になりきって、物語を読んでくれます。それを聞きながら、親も物語の世界を楽しんでください。

読まれる側と読む側では、立場がまったく違います。普段は読まれる側である子どもたちは、耳から入ってくる本の世界を頭にインプットしているばかりです。ところが、立場が変わって読む側に回ると、自分が捉えた本の世界を自分なりに表現しようとしてくれます。

役になり切って声色を変えたり、わざと間をおいて読んだり、いろいろな工夫をしてくれるでしょう。子どもが音読をする際は、大人による読み聞かせとは異なり、感情を入れた読み方でも問題ありません。

子どもがそこに楽しさや面白さを見いだしたようなら、一度だけで終わらせず、機会を見つけて何度もしてもらいましょう。

子どもの音読を聞くことで、そのときの子どもの心の状態までこちらに伝わってくるはずです。ゆっくり読んでいるところ、思い入れたっぷりに読んでいるところなども見逃さず、子どもの「心の動き」を探っていきましょう。

1年生の国語の教科書に、中川李枝子《なかがわりえこ》さんの『くじらぐも』というお話があります。くじらの形をした雲の上に、1年生の子どもたちが飛び乗るというストーリーです。

このお話の文章のなかには、同じ言葉の繰り返しが出てくるのですが、授業で子どもたちに音読をしてもらうと、彼らは繰り返しの場面で声をどんどん大きくしていきます。

たとえば、雲に飛び乗ろうとするシーンでは、「天までとどけ、一、二、三」という繰り返しがあります。この場面に差しかかると、子どもたちは本の内容に感情移入して声をだんだん大きくしていくのです。

「だんだん声を大きくしたのはどうして?」

子どもたちにこう尋ねると、「1回目は届かなかったから、2回目と3回目では前よりも大きな声を出して、もっと高く飛ぼうとしたんです」と答えます。

声に出して読んでもらうことで、子どもたちのどんな気持ちが表現に込められているのか大人は追っていけるのです。

こうした心の動きは、シンプルな言葉がうまく使われている詩を音読してもらうと、より敏感に伝わってきます。

子どもたちが、どこに感情を込め、何に反応するのかを観察していくと、普段の生活からだけでは見えてこない子どもの内面に触れることができます。

同じお話や詩を音読してもらう場合でも、子どもの心模様の変化によって感じるところにズレが生じてきたりするものです。そうした変化に気づくことも大切なのです。

音読をするのが好きなお話の傾向がわかれば、それがその子が好みそうな本を探すためのヒントにもなります。音読からは、子どもに関する多くの情報が得られるのです。

時間がなければ「スキ読」をしよう

子どもたちの生活のなかに、塾や部活、習い事が加わってくると、どうしても慌ただしくなってきます。こうなると、なかなか読書に充てる時間がなくなってくるかもしれません。

しかし、ちょっとした発想の転換で読書の時間をつくることができます。私たちはつい、読書するにはまとまった時間が必要だと思い込みがちですが、実はそうではありません。ジャンルによっては難しいかもしれませんが、章ごと、項目ごとに分けて細切れに読むことは十分可能なのです。

そこでおすすめなのが、スキマの時間を利用した読書です。「スキ読」と言っておきましょう。活動と活動の間には必ずスキマの時間が生まれます。この時間をうまく利用して、読書をするのです。

たとえば、学校では授業と授業の間に10~15分の休み時間があります。これは次の授業時間の準備や移動などに使われています。休み時間とは言いつつも、子どもの学びのスイッチやエンジンは完全に切れているわけではなく、いわばアイドリングの状態です。つまり、いつでも動き出せる状態にあります。この時間をうまく使うのです。

家事や仕事でも、私たちは同じように時間を使っているのではないでしょうか。たとえば、洗濯とそうじの間、そうじと食事の準備の間に、ちょっとした休息を挟んだり、仕事でもキリがいいところで小休止を入れたりします。これがいわばアイドリングの状態です。

大人にもスキマの時間があるように、子どもでも、1日のうちにスキマの時間はけっこうあるものです。アイドリング状態のまま、この時間を上手に使って本を読めば、「時間がなくて読書ができない」という問題を解決できます。

学校や塾に行くための電車やバスの移動時間や待ち時間、塾や習い事の場所に到着してから活動が始まるまでの待ち時間、夕食が終わってお風呂に入るまでの食休みの時間、ベッドに入って就寝するまでの時間……。1日のなかでスキマの時間はいくらでも存在するのです。

細切れに読むことで、「本の内容を理解できなくなるのでは？」という懸念があるかもしれません。しかし、読書はテレビやゲームと違って読み手である子どもたちが主導権を握ることができます。どこから読んでもいいですし、いつでもやめることが可能です。また、忘れてしまったところがあれば、いくらでも読み返しができます。

週末などに出かけるときは、カバンのなかに本を入れていきましょう。少し長い時間、バスや電車に乗る場合、子どもと並んで一緒に本を読む時間をつくってみるのもおすすめです。家にいるときと環境が違うので、「今、何読んでるの？」「面白い？」など、子どもとの感想交流もしやすくなるはずです。

本を読む時間が少ないと感じたら、子どもにスキマ時間の存在を教えて、スキ読を実践してみてください。

子ども専用の本棚をつくって興味をもたせる

読み聞かせと並行してできるのは、読書に興味をもってもらうための環境づくりです。子どもの読書は、家のなかの環境を整えることでも促せます。

家庭で簡単にできるのが、子ども専用の本棚を用意するという方法です。スペースをつくるのが難しければ、机の上にブックスタンドを置くだけでもかまいません。家のなかに本棚を設置し、「ここのスペースには、学校や図書館で借りてきた本とか、自分が買ってきた本を入れていいよ」と伝えると、子どもはとても喜びます。すぐに効果を実感できる方法なので、試してみてください。

実際に本棚を置く場所は、すぐにそれが目に入るリビングのようなところをおすすめします。本が読みたくなったら、すぐに手が伸ばせるようにするのがポイントです。子どもに本棚のスペースを用意したら、とにかく自由に使わせてあげましょう。子ども専用スペースにして、できる限り親は干渉しないようにします。

親の思惑どおりにいくかはわかりませんが、子どもに読んでほしい本があれば、その本をそっと本棚に入れておいてもいいでしょう。

「これを読むといいよ」と直接すすめてもなかなか思うようにいかない場合は多いですし、あまりしつこくすすめると、押しつけや無理強いになってしまうので気をつける必要があります。直接すすめるのではなく、さりげなく本棚に入れておくことで「これ、どんな本だろう」と思い、本を手にとってくれるかもしれません。

子ども専用の本棚づくりは、実は私が担任しているクラスにも取り入れています。すでに教室には学級文庫があるのですが、そこにある本に加えて、子どもたちがおすすめする本を家から持ってきたり、図書室から借りてきたりして、「自分たちだけの本棚」をつくって本に親しんでもらうようにしています。

子ども専用の本棚のいいところは、そこに収まっている本のラインナップを見ることで、子どもの好みがわかるという点です。大人の本棚についても言えますが、そこに並ぶ本のタイトルを見れば、本棚の持ち主がどういうタイプの人なのかがだいたいわかってきます。子どもが選んだ本を眺めながら、自分の子どもに対する理解も同時に深めていってください。

本の選択を子どもに任せる

読書や読み聞かせに際しては、子どもがひとりの読み手として成長できるように、本の選択をある程度は子どもに任せる姿勢を貫くといいでしょう。本人の気持ちを尊重し、読みたい本を読ませてあげてください。選択権は子どもにあるというのが、望ましい状態です。

本棚をつくったときも、基本は子どもが選んだ本をそろえるようにします。本人が興味をもった本だからこそ、手を伸ばすのです。自分で選べるという状態を保証することで、子どもの自発的な読書活動を促しましょう。

親としては、「えっ、こんなの読むの?」と思うときもあるかもしれません。そうであっても、大目に見ましょう。親が止めたところで隠れて読んでしまうことだってあるかもしれません。であれば、いろいろな本に触れさせるのも大事だと受け止めて、すぐに「ダメ」と言わないようにしましょう。

ものすごく面白そうだったけど、読んでみたら、面白くなかった……。

こんな経験を何度か重ねることで、子どもなりに本の見極めができるようになります。こうした失敗をさせながら、本選びを覚えさせていくのです。失敗も含め、自分で本を選ぶという経験を重ねることで、ひとりの読者として良書に出合えるようになっていきます。

ただし、過度に暴力的な内容や極端な性描写を含むものなど、明らかに子どもにとって有害な本が、そう多くはないとしても、存在することは確かです。そのため、子どもがどんな本を読んでいるのかだけはつねに親が把握しておく必要はあります。その点だけはしっかりと押さえておきましょう。

「アフォーダンス理論」の効果を得られる本棚づくり

本棚づくりは、実は心理学的な立場から見ても、子どもの読書を促すために有効です。

アフォーダンス理論という言葉を聞いたことがあるでしょうか。

アフォーダンスとは、アメリカの知覚心理学者ジェームス・J・ギブソンが英語の「afford」（与える、提供する）からつくった造語です。

この言葉は、ある物の形状や色自体が、その物の使い方や取り扱い方を説明しているという考え方を示しています。

たとえば、駅に置かれている自動改札機ですが、そばに近寄って形状を見れば、ほとんどの人がICカードをかざすための機械だろうと理解できます。もしくは、自動販売機を使うとき、説明されなくても、どこに硬貨を入れればいいかすぐにわかるでしょう。周囲の状況や環境が私たちの行動を促すという考え方。これがアフォーダンス理論です。

実はこの理論は、学校内でも取り入れられています。

たとえば、廊下に学級文庫が置かれているのは、子どもたちが教室の出入りをするたびに、それが目に入るようにして、自然と手が本に伸びるようにするためです。

家のなかのよく見えるところに、子どものための本棚を設置するのは、まさにこのアフォーダンス理論の活用と言えます。

本棚だけでなく、子どもの目につきやすいところに本を置くようにすれば、アフォーダンス理論の効果を期待できるでしょう。たとえば、リビングのサイドテーブルやベッド近くのテーブルなどに1、2冊置いておくのです。

子どもが思わず本を手に取ってしまうような環境づくりをすれば、読書の習慣をつけるための近道になります。

親からのプレゼントを本にする

「先生、私のおうちって、プレゼントはいつも本なんです。だから、次は何の本にするか考えるのをいつも楽しみにしています」

うれしそうに、そう私に話してくれた子どもがいました。

詳しく聞いてみると、誕生日のときには子どもたちが読みたい本がプレゼントされ、クリスマスのときには、サンタクロースが本をプレゼントしてくれるとのことでした。

サンタから届く本は、きっと親が読ませたい本なのかもしれませんが、プレゼントを本にするというアイデアはとてもいいと思います。

プレゼントというと、子どもたちはゲームやおもちゃを欲しがります。それを禁じて、すべて本にしてしまうと、子どもたちはよけいにゲームやおもちゃを欲しがってしまうかもしれません。その場合は、本と別の物を交互にプレゼントするなどのちょっとした工夫を取り入れるといいでしょう。

家庭によっては、本であれば、いつでも買ってあげるというルールをつくっているところもあるかもしれません。本はやはり特別なのです。

私の家では、子どもたちの祖父母からのプレゼントは本にするようにお願いしています。祖父母がすすめる本を買ってもらう場合もありますが、子どもの好みが祖父母にはわからないこともあるので、子どもたちが読みたいものをリクエストしたり、図書カードをもらったりしています。

プレゼントはいつ受け取ってもうれしいものです。プレゼントと本を結びつけることで、本に対するプラスの印象は膨らんでいきます。これが積み重なれば、子どもたちは自然と本に親しみを覚えていくでしょう。

以前、マイという女の子の担任を務めたとき、彼女から面白い話を聞いたことがあります。

彼女のお父さんは、出張に行くと、必ずお土産を買って帰ってきてくれるとのことでした。ただし、そのお土産はいつも本でした。しかも、出張先の土地の郷土史を扱ったようなものではなく、どこの書店に行っても買えるような本ばかりだったそうです。それでもマイは、お父さんが買ってきてくれるお土産をもらうのがうれしかったと言っていました。

親ができるのは、本を身近に感じるような機会をできるだけ多く子どもに与えることです。マイの父親は、お土産を上手に使い、親子間の心理的距離だけでなく、本と子どもの距離を縮めるのに成功していたと言っていいでしょう。

本の感想を尋ねる時のコツ

子どもにしつこく本の感想を聞きすぎるのはよくないとわかっていても、感想を聞いてみたい……。これがやはり親心でしょう。私は、本の内容がしっかりと読めているかといったテストが目的ではなく、「本を読んでどう思ったか」「何を考えたか」といった感想の交流を目的として、子どもに尋ねることはいいと考えます。大切なのは、「何のためか」という目的なのです。感想をたずねる場合は、ちょっとした工夫を取り入れてみましょう。

「どうだった？　面白かったでしょ？」

このような限定的な聞き方だと、仮に本が面白くなかった場合、意見が言いづらくなってしまうかもしれません。

子どもから率直な感想を引き出したいのであれば、「その本で心に残ったのはどこか」を聞いてみることです。「どこか」を聞いているので、「ここ」と答えてくれることが多いのです。子どもが答えてくれたら、「どうしてそう思ったの？」と聞いてみましょう。

こういう方法だと、子どもは話しやすくなります。心に残った場面を聞くだけなら、「面白かった」「つまらなかった」という判断を迫られないので、プレッシャーはかかりません。

最初に「どうだった？　どんな感想をもった？」という漠然とした質問をするのも避けてください。質問の幅を広くしすぎると、子どもは自分の考えを言語化するのが難しくなります。

漠然とした感想を聞くのではなく、「どこか気になったところ、あった？」と的を絞って質問するのがコツなのです。最初は子どもが答えやすいことを聞き、そこを入口として本の感想を聞いていくようにしましょう。

子どもと一緒に本を開きながら、「気になったところを教えて」と聞いてみるのもひとつの方法です。

「どの場面が気になった？」

「気になった人物はいる？」

できるだけ質問のハードルを下げて、答えが返ってきたら「どうしてそう思ったの？」と聞いてみましょう。

子どもの感想が聞けたら、今度は親が気になったところ、好きな登場人物、心に残った会話文（セリフ）を子どもに話してみてください。すると子どものほうから、「えー、どうして？」という質問が返ってくるかもしれません。その場合、親の感想もしっかりと伝えます。子どもと異なる意見でもかまいません。異なる感想に触れさせるのが大事なのです。

こうしたやり取りを家で普段からしておくと、中学年以降、クラスメートとの感想交流が上手になっていきます。それができるようになると、友だちを介していい本に出合えるチャンスも増えていくのです。

子どもと異なる感想の大切さ

子どもに読書の習慣がついてきて、対等に感想のやり取りができるようになってきたら、日常生活の何げない場面で本の感想を聞いてみて交流するのもいいでしょう。たとえば、キッチンで夕飯の準備をしているときに、「ところで、あの本、どうだった？」と聞いてみるのです。

その際、子どもが読んでいた本を親も事前に読んでおけたら理想的ですが、読めなかった場合は、「どんな話なの？」とあらすじから尋ねてみるのもよいでしょう。

私の次女が新美南吉《にいみなんきち》の『手ぶくろを買いに』を読んでいたとき、感想を聞いてみたことがあります。

この物語では、子ぎつねが町に出て、人間のお店で手袋を買う様子が描かれています。母ぎつねは、子ぎつねの片手を人間の子どもの手に化かし、その手をお店の人に差し出すように伝えました。ところが子ぎつねは誤って、もう片方のきつねの手を出してしまいます。お店の人は、相手がきつねだと気づきました。しかし、それでも手袋を売ってくれるのです。

娘の感想は、「人間にバレずに、手袋が買えてよかった」というものでした。それを聞いた私は、「確かによかったね。ただ、最後にお母さんが『ほんとうに人間はいいものかしら』って言ったよね。お父さんはそこが気になったんだけど」と子どもに感想を伝えました。

こう伝えることで、娘がまだ目を向けていないところについてどう思ったのか、素直に感想を聞いてみたかったのです。

娘は、その場ですぐには気がつきませんでした。しかしそれでもかまいません。次に読むときに、父親の感想を思い出しつつ、しっかりと物語を読んでくれればいいのです。その場にいた妻は妻で、別の場面で気になったところを娘に話していました。

それぞれが感想を述べ合いながら、1冊の物語のなかでもいろいろな感じ方があるのを子どもに教えることが大切です。それによって、子どもの視野を広げる下地をつくっていきます。もちろん、子どもの視野がすぐに広がるようなことはありません。繰り返し続けていくことで、子どもは「自分とは異なる意見もある」ことに気づき、他者の考えに耳を傾け、次第に視野を広げるようになるのです。

子どもはしばしば、大人をはっとさせるような素晴らしい感想を口にします。そんな感想が聞けたら、「面白い感想だね」「いい感想だね」としっかり伝えてください。子どもは喜んで、次からの読書のときも感想を自分から伝えてくるようになるでしょう。

読書を通して知る子どもの変化

以前、担任した児童に、レンという男の子がいました。

受け持ってすぐのころ、レンは本をめったに読まない子どもでした。それがあるとき、珍しく本を読んでいるレンの姿を見て、何を読んでいるのかが気になり、彼に声をかけてみたのです。

レンが読んでいたのは、中学年を読書対象としており、本来ならレンのような6年生には簡単すぎるかなと思う内容の本でした。そのとき私は、「本の選択の幅をもっと広げたいな」と考えました。

その後、レンが変わるまでに、長い時間はかかりませんでした。

本が好きなクラスメートのユウタとシンジと仲良くなるにつれて、彼らから本の話を聞く機会が増えていき、レンはいろいろな本を読むようになっていったのです。そのころのユウタとシンジのお気に入りは辻村深月さんと、はやみねかおるさんでした。

2人の友だちに影響され、レンの読む本の傾向は大きく変わっていきました。

レンにとって幸いだったのは、母親がその変化に気づいたことです。

お母さんから詳しい話を聞くと、レンがいつも使っている学校のランドセルのなかから出てくる本を見て、「こういう本を読むようになったんだ」と思ったとのことでした。そこで私は、「クラスでは、ユウタやシンジたちと本の話をよくしていて、3人で本の貸し借りをしているようです」と伝えました。

この話を聞いて、母親の意識はがらりと変わったようです。それからは、積極的に近所の図書館にレンと出かけるようになり、本を購入する機会も増えたとのことでした。

レンの母親は、子どもの持ち物の変化に気がついたことで、子どもとの関わり方が変わってきたのです。

レンと母親のケースを見ながら、ちょっとした子どもの変化を見逃さず、適切に対応することの重要性をあらためて実感しました。

子どもは日々刻々と変わっていきます。成長も想像以上に速い。そのスピード感あふれる子どもの変化に気づき、見届けるのも子育ての楽しみのひとつです。

3 年齢に合った本の選び方

0歳からの本選び

子どもに読書をしてほしいという願望があっても、「何を読ませたらいいのかわからない」と悩んでいる保護者もいるでしょう。そこでこの章では、0歳のころにまでさかのぼり、年齢別に本の選び方を紹介していこうと思います。

本書では、低学年を小学1・2年生、中学年を小学3・4年生、高学年を小学5・6年生としています。

0歳と聞いて、「そんなに早い段階から本を読めるの？」と不思議に思ったかもしれません。厳密に言えば、確かに「読むこと」は難しいです。ただし、0歳児でも十分に本を楽しめます。

視力がまだ弱い0歳児の場合、厚みがあり、紙の素材がふわふわだったり、ざらざらだったりするものを選ぶといいでしょう。本自体の内容を楽しむというよりも、五感を使って音《おん》の響きや手触りを楽しませるのです。文字の判別もできないので、本に触れさせながら、親が読み聞かせをし、手や耳で「本」を感じられるようにしてあげます。

文字の判別はできませんが、絵を見て楽しむことはできるので、この時期は絵が大きく描かれたものを対象とした本選びになります。三原色がふんだんに使われているものを選ぶといいでしょう。

やなせたかしの『アンパンマン』が乳幼児に人気があるのは、キャラクターの色合いがとてもはっきりしていて、丸みを帯びているからだと言われています。こうした視点を本選びに活かすといいと思います。

キラキラしていて、明るいイメージが描かれたものもおすすめです。本のつくりとしては、見開きのページに絵が大きく描かれたものを選んでください。

本に出てくる言葉も重要です。「もこもこ」や「ふわふわ」のように、優しい響きのフレーズが繰り返し使われている本が定番と言っていいでしょう。0歳児は、親から発せられる優しい言葉を聞くと、とても安心します。ストーリー性はなくてかまいません。

子どもが1歳になったら、今度は言葉の響きやリズムを中心に本を選んでいきましょう。単純なフレーズが繰り返されているものはとくに気に入ってくれます。

0歳児から本に親しんできた子どもたちであれば、2、3歳になったころから自分で本に手を伸ばし始めます。この時期に差しかかったら、ごくごく簡単なストーリーを含んだものに触れさせていってください。

人気があるのは、だるまの絵が登場するかがくいひろしの「だるまさんシリーズ」です。お話も、使われている言葉もシンプルでリズム感があるので、おすすめできます。このころはまだ、文よりも絵、言葉のリズムのほうが重要です。

4歳もしくは5歳ごろになってくると、本好きの子どもは親に読み聞かせをせがんできます。4歳くらいまでは簡単なストーリーを含むだけの絵本でもいいですが、5歳になったころから、よりストーリー性のある絵本を読んであげましょう。

このころになると言葉もかなり上達し、自分で簡単なお話をつくったり、なぞなぞ遊びをしたり、回文をつくって言葉遊びをすることもあるはずです。同じ絵本でも、絵がメインのものから、ストーリーメインの昔話や童話の本を読んでみてもいいでしょう。

幼稚園の年長（6歳くらい）になると、小学校の低学年向けの本とおすすめが重なるものもあります。本書の巻末に付録として掲載した低学年向けの本を選び、読んであげてもいいでしょう。

低学年までは「音」を重視した本選びがおすすめ

0歳児から小学校低学年（1・2年生）までの子どもを対象として本を選ぶ際は、基本的に「音《おん》」に意識を向けてください。この時期の子どもたちに言葉を学ばせようと思ったら、耳から情報を与えてあげることが効果的と言われます。

幼児期から低学年にかけて、子どもたちはおもに「音《おん》」の響きによって想像を膨らませます。音によって、物語の内容をイメージしたり、味わったりしながら、本の世界に浸っていくのです。

この時期は、文字を追うのではなく、挿絵を見ながら読み聞かせを通して想像力を高めていきます。それによって言葉を獲得していくのです。

読み聞かせをするときは、音のリズムにも注意を払いましょう。日本語の場合、5音と7音が繰り返されると、心地よく響いてきます。

5音と7音と聞いて、俳句を思い浮かべた人もいるのではないでしょうか。俳句は、

5音、7音、5音の言葉を並べてひとつの句にしています。短歌は、5音、7音、5音、7音、7音の31音構成です。

これは「そら」「あめ」「さくら」など日本語の言葉の多くが2音や3音で成り立っていることに関係します。たし算をすればわかりますが、組み合わせると5音や7音に収めやすいのです。

俳句以外にも多くの日本人になじみのある5音と7音で構成されたものがあります。小学校や中学校の校歌です。自分が通っていた学校の校歌を思い出してみてください。学校の校歌は、5音と7音の繰り返しが多用されています。5音と7音は子どもたちにとって非常になじみやすいのです。

事実、小学1年生の国語の教科書でも、5音と7音のリズムを意識した教材がよく使われています。耳から情報を入れたほうが、子どもたちはスムーズに吸収してくれるので、小学1年生の1学期に学ぶ短い詩には曲がつけられていることもあるほどです。

音やリズム以外の要素についても、本選びのポイントがあります。

低学年の子どもたちは、内容が明るく、中心人物が何かを解決するような、明快な本が大好きです。この点も加味しながら、本選びをするといいでしょう。

中学年と高学年の本選び

中学年（3・4年生）になると読書をする能力が上がり、本のジャンルを広げていく時期が到来します。読書という観点からすると、大きな分岐点であり、とても重要な時期です。

これまでは、本に親しむということに重点が置かれてきました。そしてここからは、幅広く、そして深く読書する時期に移行していきます。

主人公が冒険したり、不思議な世界に迷い込んだりする物語に興味を示す子どもが増えていくのも、この時期の特徴です。こうした物語を読みながら、子どもたちは主人公の気持ちに寄り添い、一体化しながらストーリー展開を楽しんでいくのです。

中学年では、単に楽しむだけでなく、本から得た知識を活用したり、調べものをするための読書ができるようにレベルアップさせていく必要性も出てきます。

低学年とは違い、身近な題材のものから離れ、宇宙や科学、微生物のこと、もしくは社会の仕組みなど、これまでよりもスケールが大きいものや、具体的に見えにくい物事などについて書かれた本を選んでいく適齢期でもあるのです。

読書能力という視点から考えると、低学年は初歩の読書期で、本を読む習慣がつき始める時期とされています。その後、中学年から高学年にかけて、とくに3、4年生時は、無差別多読期と呼ばれ、いろいろなジャンルを読み始め、読む速さもアップしていきます。

ただし、低学年で読書の習慣づけができないと、無差別多読期の波に乗れず、ジャンルを思うように広げることができないかもしれません。もしくは、こだわりが強すぎて、自分の好きなジャンルしか読まない子どもも出てきます。

「もしや、うちの子どもも……」と思っても、心配する必要はありません。当然個人差もありますから、子どもがジャンルを少しずつ広げることができるように、親がサポートするといいでしょう。サポートの仕方については、次の項目で説明します。

高学年になったら、思春期の入口に差しかかり、親が子どもの読書に関わる機会も自然と減っていくでしょう。この時期になると、友だちや先生からすすめられた本を読む機会が多くなります。

中学年までは、楽しい内容の本を選ぶことの多い子どもたちですが、次第に小説などを選んだりする傾向が出てきます。これは、読書の幅が広がり、深みを増してきた証拠です。

さらに5、6年生になったら、子どもが自分で考え、自分の興味に従って選んだ本を読ませるようにしてください。読書を通じ、多様な視点から物事を考えられるようになる時期であり、子どもも自分のその成長に徐々に気づいていきます。まだまだ親の見守りは必要ですが、子どもの意見をできるだけ尊重する姿勢が大切です。

まとめると、0歳から低学年は楽しむ読書、中学年は好みの幅を広げる読書、高学年は視野を広げる読書が中心となります。これら3つを目安にして、本選びを行っていくとよいでしょう。

ジャンルの幅の広げ方

子どもが読む本のジャンルの幅を広げようと思っても、なかなかできなくて困っている保護者もいることでしょう。

以前、読書のジャンルの幅を広げることに成功した例があるので、そのときの話を紹介してみようと思います。

私が担任を務めた生徒に、シュウジという男の子がいました。シュウジは歴史に夢中でした。読む本と言えば、明けても暮れても歴史の本ばかりだったのです。

学習マンガの「日本の歴史シリーズ」や「世界の歴史シリーズ」を中心に読書を続け、戦国時代に興味をもち始めたシュウジは、一向にジャンルを広げようとしません。それを見た私は、もう少しジャンルを広げさせてあげたいなと思っていました。しかし、なかなかきっかけが見つかりませんでした。

「歴史の本を読むだけの力があるなら、こっちの本も読んでみたら」

こんなふうに声を掛けて、科学読みものをすすめたりもしました。ところが、シュウジは「はい」と空返事《からへんじ》をするばかりで、相変わらず歴史の本を読み続けていたのです。

そんな頑《かたく》なな姿を見ているうちに、私は「中心軸を壊す必要はない」と確信していきました。これほど好きな歴史から無理やり彼を引き離すよりも、彼の中心軸である「歴史」を尊重しつつ、そこを基盤としてジャンルの幅を広げてあげたほうがいいと考えたのです。

そこで私は、学校の図書室に織田信長や徳川家康、真田幸村などの武将の伝記があることを思い出し、シュウジに紹介しました。

それまでシュウジが読んでいた学習マンガでは、歴史の全体の流れがわかりやすく描かれていました。ところが、武将たちの伝記は少し毛色が違います。歴史に関係はしていますが、ひとりの人物に焦点が当てられ、人物の生き方が中心となっています。

それまでシュウジの読書の幅を広げることばかりを意識していた私は、アプローチの仕方を変えて、彼の反応を探ってみたのです。

シュウジが最初に手に取ったのは、織田信長の伝記でした。すると、ひとりの人物に焦点を当てるという読みもののスタイルが気に入ったのか、シュウジは伝記ものに興味を示しました。変化の兆しが見え始めたのです。

シュウジは野球が好きで、少年野球団に入っていました。その影響で、野球への興味と伝記がうまく結びつき、イチローや松井秀喜の伝記を読むようになります。読書の幅が、スポーツ選手の伝記へと広がっていったのです。

シュウジは伝記に本当にはまったようで、「○○はすごい人なんですよ。こんな考えを持っているんですよ」という発言をよくするようになります。そこからは、伝記に書かれた人物が生涯を通して力を入れてきた分野にも興味をもつようになり、歴史以外のジャンルにも目を向けるようになっていきました。

さらには、歴史と伝記を中心軸としてさまざまなジャンルの本を読むようになっていったのです。

シュウジのケースを見ていて感じたのは、子どもがすでに築いている読書の「中心軸」を壊してはいけないということでした。せっかく自分で見つけた好きなジャンルがあるのに、その軸を壊してしまうのは、教師や親といった周りの大人です。これをするのは絶対に避けたいものです。

特定の分野に興味をもっていたら、その分野に集中させてあげましょう。それを足がかりにして、少しずつ幅を広げるように大人が本と出合うきっかけをつくるのです。

もうひとつ実例を紹介しましょう。ミキという女の子の話です。

6年生の彼女は、とにかく物語を読むのが好きでした。ただし、中学年を読者対象とした本ばかり読んでいたのです。私は、「高学年向けの本も読んでほしいな」と考えながら、休み時間に「今、どんな本を読んでいるの？」と尋ねたりしていました。

あるとき、ミキが「今読んでいる本は、もう少しで読み終わりそう」と言うので、彼女が好きなライトノベルのジャンルからは離れずに、森絵都《もりえと》さんの本を紹介してみました。森さんの本は高学年向けのものが多いので、「中心軸」は壊さずに読書の幅を広げようと思ったのです。

ミキは森絵都さんのことを知りませんでした。ところが1冊読んでみると森さんが描く世界観が気に入ったようで、それからは森さんの作品を読むようになったのです。大人の役割は、子どもが興味をもっている軸を壊さずに適切なサポートをしてあげることだと、あらためて実感させられる思いでした。

ダンゴムシが好きだった男の子が野菜づくりに目覚めるまで

中心軸を大切にするというスタンスは、低学年の子どもたちを相手にするときも変わりません。

1年生のときに担任した児童にジュンという子どもがいました。彼は生き物がとても好きでした。

ジュンにはとても驚かされたことがあります。机のなかを見てほしいというので、のぞいてみると、牛乳パックをハサミで切った箱のなかに落ち葉を入れているのが見えました。さらによく見ると、なかからダンゴムシがたくさん出てきたのです。

それだけでなく、家から容器をもってきて、セミの抜け殻を集めたりしていました。それぐらい、虫が好きな子どもだったのです。

ジュンはどちらかというと屋外での遊びが好きで、読書にはあまり興味はありません。外に行って何かを集めるのがとにかく好きで、それ以外で彼が話す内容と言えば、親から聞いた話や、テレビで見聞きしたものばかりでした。

そんなジュンを見ていて私がすすめたのは、お話ではなく、図鑑でした。まずは昆虫の図鑑を見せると、ジュンはすぐに興味を示しました。彼は、図鑑というジャンルに引き込まれていったのです。

昆虫の図鑑にはまってからは、動物、植物など、自然科学系の読みものを読み始めます。なかでも植物には特別な興味を抱いたらしく、親に協力してもらいながら、自宅の庭で野菜づくりを始めるようになるのです。

さすがにそこまで幅が広がっていくとは想像していなかったので、またまた私はびっくりしました。

大人は、子どもたちがダンゴムシを集めたりするのを不思議に思い、ついつい「やめなさい」と言ってしまいがちです。それはそれでわからないではありませんが、子どもが一度興味をもったら、極力、その軸を壊そうとせずに、それに寄り添い、そこを足掛かりにして幅を広げさせるよう試みてください。

ジュンがダンゴムシから野菜づくりに興味の幅を広げたように、子どもの興味がどんな方向にシフトしていくのか、大人は楽しんでみるといいでしょう。

子どもが低学年のときは、子どもが興味をもった物事を敏感に察知し、それを後押ししてあげることが大切なのです。

子どもに興味の軸ができれば、読書の習慣にも結びつけやすくなり、親が読み聞かせをしなくても、ひとりで本を読み、不思議に思ったことを自分で調べてみるという習慣ができてくるでしょう。

ダンゴムシから派生していったジュンの興味の矛先は、野菜づくりを経て生物学へと向けられていきました。現在は生物学を専門的に学びたいと考えているようです。

子どもたちが何かに興味をもっていたら、その気持ちをうまくくみ取って、その興味をさらに刺激するような本を紹介してあげるといいでしょう。それがきっかけとなって、読書の面白味に気づいてくれるケースもあるのです。

「いい本」とはどんな本?

親は子どもに「いい本」を読んでほしいと思うものです。では、いい本とは、いったいどんな本でしょうか?　いい本をいざ探すとなると、どういう基準で選んだらいいのか、正直わからないという親も多いと思います。

書店や図書館に行き、人気の本やおすすめの本を何となく選んだりしているかもしれません。それもひとつの方法ですが、もう少し明確な基準がわかれば、本選びに苦労しなくなるでしょう。

子どもに読んでほしい本を選ぶとき、私は3つの基準を判断材料にしています。本選びをする際は、これらの基準を参考にしてみてください。

ひとつ目の基準は、長い間、読み継がれているかどうかです。いわゆる、名作と呼ばれているものがこれに該当します。

名作に共通するのは、子どもの心に残る登場人物のセリフや物語のなかの場面がふんだんに含まれているという点です。また、誰が読んでも同じセリフや同じ場面で強い印象を受けます。

例を挙げてみましょう。たとえばウィーダの『フランダースの犬』です。この本を読んだ人の多くが、主人公のネロがルーベンスの絵を見られた場面を印象深いシーンだと語ります。

新美南吉の『ごんぎつね』も代表例のひとつです。授業で、「この物語のなかで、ひとつだけセリフを残すとしたら、どこを残す?」と聞くと、ほぼ全員の生徒が「ごん、おまいだったのか。いつもくりをくれたのは。」と言います。

このように、心を動かされる場面が非常にわかりやすく描かれているものは、いい本の基準をクリアしています。

いい本は、年月を経ても価値が下がったり、古くなったりしません。親自身が子どものころに読み、それが今も読まれていたら、その本は間違いなくいい本です。

2つ目は、子どもが繰り返し読みたがるかどうか。この基準に当てはまる本の代表例がエリック・カールの『はらぺこあおむし』です。

子どもが繰り返し読みたがる本は、文章の流れがリズミカルであるという共通点があります。5音と7音が繰り返されているような本も、子どもが繰り返し読みたがる本と言っていいでしょう。こうした本は、とくに乳幼児や低学年の子ども向けとしていい本の基準を満たしています。

3つ目は、子どもの発達段階に合っているかどうかです。子どもが低学年なら低学年向けの本、中学年なら中学年向けの本、高学年なら高学年向けの本というように、子どもの年齢に応じた本が「いい本」の条件となります。

どの発達段階に子どもがいるかによって、本との接し方は変わってきます。高学年向けの難解な本を低学年にすすめても、面白いとは思ってくれないはずです。低学年向けのやさしい本を高学年にすすめたら、退屈だと感じるでしょう。子どもの発達段階に合わせた本を選んであげることが大切なのです。

「いい本選び」に迷ったときは、これら3つの基準を参考にしながら本を探してみてください。

親の役割は「本との出合い」を経験させること

子どもが本を読まないからといって、必ずしも本嫌いだと断定することはできません。たまたまそれまで手にしてきた本に夢中になれなかっただけで、自分の興味に合致したものや面白い内容のものと出合えれば、喜んで読むようになるケースはいくらでもあります。

子どもが夢中になれるような本に巡り合えるかどうかは、親のサポートの有無に大きくかかってきます。子どもが興味をもって読みそうな本に出合うきっかけをつくるのが、私たち大人の役割なのです。子どもが本とよりつながるように、書店や図書館に連れていく、プレゼントを本にするなど、なるべく多くの出合いを経験させましょう。

最近の子どもたちが好んで読む本に、同じ主人公が登場するシリーズものがあります。これらにはまると、子どもたちは一気にそのシリーズを何冊も読み進めていきます。シリーズものはよくできていて、どれも面白いので子どもたちは夢中になるのです。

シリーズものには、名探偵シリーズのような物語系と、科学漫画シリーズのような知識系があります。どちらもわかりやすく、知らなかった事柄も学べるので、子どもには親しみやすいでしょう。ただし、一度夢中になったら、そこから抜け出せないという状況に陥る可能性も出てきます。その場合は、子どもの中心軸を大切にしながら、そのほかの本も読むように出合わせるとよいでしょう。

物語系のシリーズにはまっていたら、ほかの物語シリーズと出合う機会をつくってみましょう。お化けシリーズや怪談シリーズなどジャンルの違うシリーズがたくさんあります。ひとつのシリーズだけでなく、幅広い読書を通して、多読へとつなげていくのです。

子どもによっては、以前に読んだお気に入りの本を繰り返して何度も読む場合もあるでしょう。同じ本を読むことは決して悪いことではありません。ここで私が言いたいのは、ひとつのジャンルの本にだけ凝り固まってしまう状態は回避してくださいということです。

これだけ多種多様な本があるのですから、少しでも多くのジャンルに触れられるようにしてあげましょう。

読書をより楽しむためにできること

学校や図書館、公民館などでは、子どもに本と触れてもらうためのさまざまな取り組みが行われています。子どもが本と出合う機会をさらにつくるために、こうした場所で行われている取り組みやイベントに参加させてあげて、読書の習慣の維持に役立てるのもおすすめです。これらのなかから、代表的なものを紹介しておきます。

ブックトーク

ひとつのテーマを立てて、それにまつわる複数の本を紹介していく方法です。テーマの例としては、友情やスポーツ、家族といったものがあります。ブックトークでは、それらのテーマを扱った本を紹介していきます。

読み聞かせの場合、1冊の初めから終わりまでをすべて読んでいきますが、ブックトークではテーマに関連する場面でおすすめのところだけを教えてくれたり、読んでくれたりするのが特徴です。

ブックトークのよさは、本に対する興味を喚起し、高めていく点でしょう。対象学年は中学年と高学年です。通常、公立図書館や学校の図書室の司書の方が開いてくれます。

公立の図書館であれば、毎週土曜日など、決まった日に行われていると思います。近所の図書館のスケジュールを確認し、参加させてみるといいでしょう。

ビブリオバトル

公立の図書館などで行われている活動のひとつです。

ビブリオバトルでは、自分のお気に入りの本を紹介し、どれだけ多くの人から共感を得られるかを競っていきます。やり方としては、まず参加者が5分間で本の紹介を行い、その後、3~4分の短い時間で本についてディスカッションをするというものです。これらを済ませたあと、最後に参加者全員で投票し、「チャンプ本」を決めていきます。

ビブリオバトルは、小学生よりも少し年上の中高生、大学生の間でとくに人気があるイベントです。それでも、小学校高学年になれば十分参加できると思います。

ビブリオバトルでは、ほかの人に本を紹介し、その魅力を伝えることが求められるため、その本をどれだけ読み込んでいるかが重要なカギになります。あらすじやおすすめのシーンなどを把握しながら、その本のよさをアピールしていくので、ビブリオバトルに参加するとスピーチ力が身につくというメリットもあります。

私が以前に担任した女の子のなかに、ビブリオバトルの熱心な参加者がいました。参加を重ねていくうちに、彼女は人前で話すのがどんどん上達していったのを覚えています。

彼女はとにかく本を読み込む子でした。また、あらすじやおすすめの場面の説明の仕方は、大人の私が聞いていても感心するくらい上手にできていました。

ビブリオバトルは最後に勝敗が決まるルールなので、勝ち負けがはっきりとするスポーツやゲームが好きな子どもは、面白味を見出してくれる可能性が高いでしょう。傾向を見ていると、女の子よりも男の子に人気があるようです。

読書会

ビブリオバトルと似ている部分がありますが、大きく異なるのは勝敗がつかないところです。読書会では、本の紹介を行い、参加者が本に関する質問をしていきます。ルールはとくに厳密ではないので、1冊の本を皆で読み合わせたり、それぞれが自由に本を読んだあと、皆の前で紹介するというパターンに変えたりもできます。

読書会に参加するには、1冊の本を読み込める力が不可欠です。これがないと、読み終わったあとに質問もできませんし、反対に質問に答えることもできません。参加者たちと感想交流をするので、自分の意見をまとめておく必要もあります。それでも、一度参加してみると、本を読む姿勢が変わったり、人前で発言することに慣れたりできるので、試してみるといいでしょう。

読書会は、図書館や公民館でよく行われています。

アニマシオン

アニマシオンの発祥地はスペインで、読書を楽しむためのゲームとして始められました。アニマシオンという言葉には、心を活性化させて、元気にするという意味があります。

具体的には、75の方法が考案されていて、自宅でも気軽にできるのが利点です。

たとえば、アニマシオンには次のような方法があります。読み聞かせをする際に、登場人物を親子で割り振り、割り当てられた人物のセリフを子どもに読んでもらうのです。

一度読み終わったら、「このセリフは誰の言葉?」と尋ね、本の内容を思い出させてあげると、理解が深まるとともに親子でゲームとして本を楽しめます。まずは子どものお気に入りの本を使って徐々に試していくといいでしょう。

学校の授業でもアニマシオンは取り入れられることがあります。

児童の前で教師が音読をする際、わざと間違えて読むところをつくり、子どもたちに間違ったところを言い当ててもらうのです。

たとえば、「がまくんは、朝起きて」という文章があったとしたら、1回目の音読では正しく読み、2回目の音読で「がまくんは、夜起きて」とわざと間違えて読みます。子どもたちは間違いに気づいた時点で「ダウト!」と言い、手を挙げて正しい文章を音読するという方法です。

物語に沿って登場人物カードをつくり、カードを使って人物関係を表す活動も人気があります。

ちょっとしたゲーム感覚を取り混ぜながら読書に触れることができるようにすると、子どもたちは本気になって、話の内容に集中します。

私は、物語の挿絵を使って、時系列で並べるという方法を授業で取り入れています。児童に物語のあらすじを押さえてもらいたいとき、この方法はなかなか効果的です。

アニマシオンは、公立の図書館でも頻繁に行われているので、子どもをそうしたイベントに連れていくのもひとつの方法だと思います。

読書ノート

子ども自身で、読んだ本について記録をつけていくというものです。学校によっては、課題として出しているところもあります。

自分で用意したノートに、タイトルと読み終わった日付を書き、一言感想を記していくだけの簡単なものです。数を増やしていくという意味でシールや便せん集めなどと似ている部分があり、一度はまると子どもたちは自発的にノートをつけていきます。

一言《ひとこと》感想には、心に残ったセリフや場面などを書いてもらうといいでしょう。中学年くらいまでは素直な感想を書く子どもがほとんどですが、高学年になってくると、

「この主人公の考え方は参考になった」とか「この場面展開は面白くない」など、本に対する評価を加えてくる子どももいます。

自分の子どもがこうした感想を書くようになったら、大きな成長と捉えてください。こうした成長のプロセスが見られるのが、読書ノートのいいところです。

読書メーター

インターネットサイトの「読書メーター」を使って、自分の読書の履歴を残していくものです。これは読書ノートと似ています。ただしネットとつながっているため、読んだ本とその本に対する感想を記せるだけでなく、どんなジャンルの本を読んでいるのかをグラフ化したり、関連本を提示してもらえたりするという利点があります。

さらに、同じ本を読んだ人たちと感想を共有できるので、自分以外の人たちの感想も参考にできます。自分の読書の傾向を分析して、気に入りそうな著者や本の紹介をしてくれるので、本の選び方を広げるきっかけにもなるでしょう。

ただし、インターネットを使うものなので、子どもに使わせる場合には、保護者がしっかりと管理するようにしてください。子どもが書いた読書ノートの内容を、親が読書メーターに入力し、関連本やおすすめの本を探すのに役立ててもいいでしょう。そのアカウントを使い続け、子どもがインターネットを使いこなせるようになったときに、引き継ぎができます。

読書郵便

画用紙をハガキサイズに切って、自分のおすすめの本を紹介する文章を書き、友だちに送るというものです。おもに学校で読書旬間に行われています。

低学年なら、本のタイトルとあらすじ、一言感想を書いて送ります。下に実物を掲載しました。このようにちょっとした絵を加えてもいいでしょう。

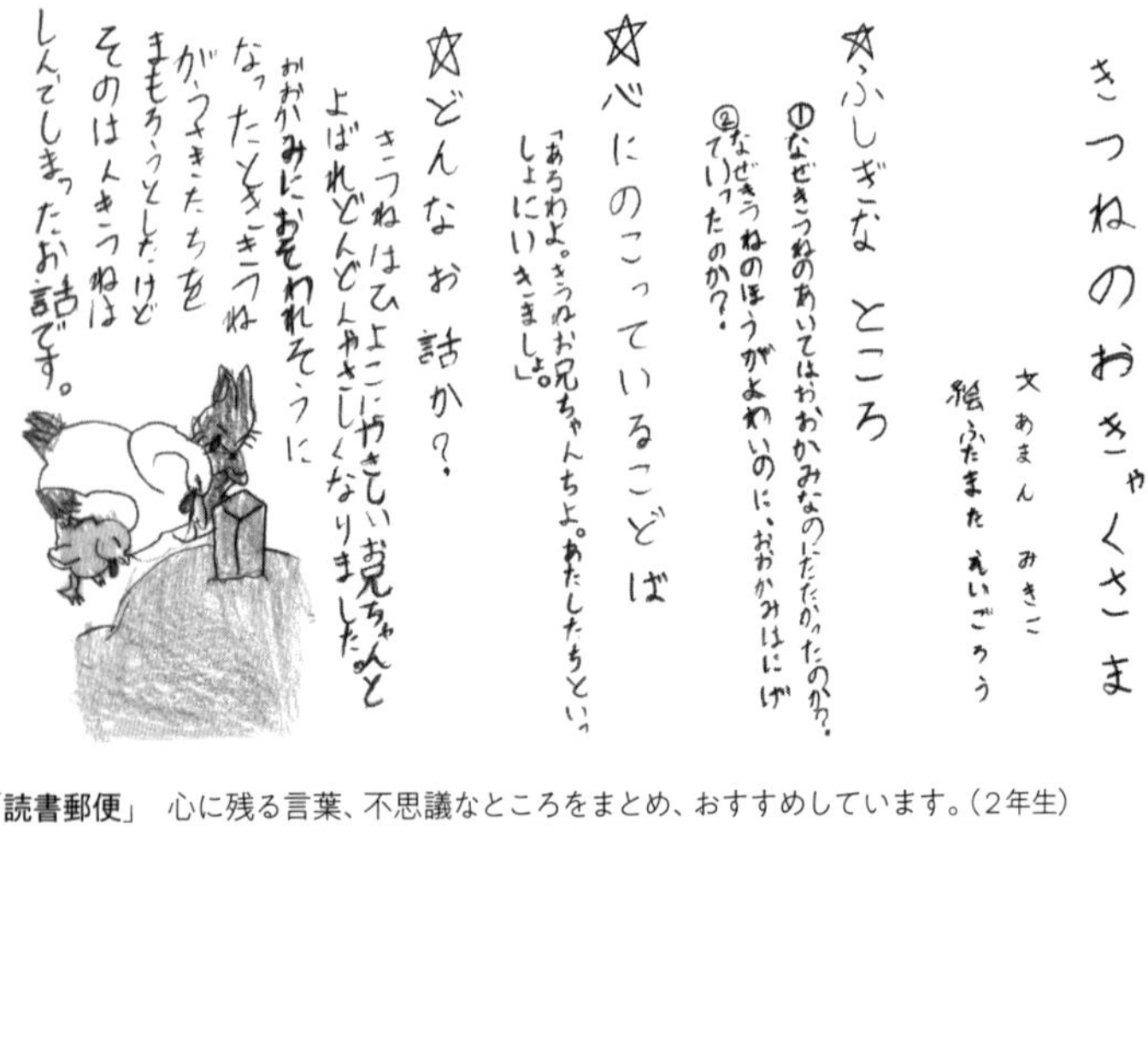

きつねのおきゃくさま
文 あまん みきこ
絵 ふたまた えいごろう
☆ふしぎな ところ
①なぜきつねのあいてはおおかみなのにたたかったのか?
②なぜきつねのほうがよわいのに、おおかみはにげていったのか?
☆心にのこっていることば
「あるわよ。きつねお兄ちゃんちよ。あたしたちといっしょにいきましょ。」
☆どんなお話か?
きつねはひよこにやさしいお兄ちゃんとよばれどんどんやさしくなりました。
おおかみにおそわれそうになったときにきつねがうさきたちをまもろうとしたけどそのはんきつねはしんでしまったお話です。

「読書郵便」　心に残る言葉、不思議なところをまとめ、おすすめしています。（2年生）

中学年、高学年になってくると、「ハガキ新聞」に発展させることも可能です。ハガキに本のタイトルと本を紹介する短いキャッチコピー、さらに感想を書き込んで、ちょっとした新聞記事風に仕上げて友だちに送るのです。実際に切手を貼って送ることも可能ですし、学校で会ったときに手渡ししてもいいでしょう。子どもたちは、友だち同士で送り合いするのをとても楽しみます。

読書旬間を設けている学校では、ポストをつくり、そこに読書郵便を投函してもらって、図書委員が相手に届けたりするところもあります。その際、ハガキの郵便番号を書く位置にクラスの数字を書き入れます。たとえば、送る相手が3年2組にいるのなら、「0302」と記すのです。あとは、普通のハガキと同じように、宛名を書いて投函するだけです。

私はよく、夏休みや冬休みの宿題として読書郵便をつくってもらっています。読書郵便をつくるためには、まず本を読まなくてはなりません。さらに紹介文を書くために、読んだ本の内容をまとめる必要があります。つまり、相手を意識して、あらすじや面白さが伝わるように書いてまとめることが求められるのです。これを行うと、自分の考えを表現する練習にもなります。読書郵便の効果はとても大きいと言っていいでしょう。

高学年になってくると、友だちから受ける影響がどんどん大きくなっていきます。読書会にしても、ビブリオバトルにしても、友だちや同年代の子どもたちから聞いた情報は、子どもの頭のなかにスッと入っていくものです。周囲の仲間からいい影響をたくさん受けられるように、親や教師はできるだけ多くの機会を子どもに与えていくといいでしょう。

読書感想文を書く前の準備

小学生になると、読書感想文を書く機会が増えていきます。保護者からも読書感想文に関する質問をいただくことは多いのです。そこでここでは、読書感想文をより的確に書くためのプロセスをお伝えしようと思います。

一概に読書感想文といっても、目的によって準備の方法は異なります。たとえば、夏休みや冬休みなどの課題やコンクールへの出品のために書く読書感想文の場合、本は課題図書から選ぶのが一般的です。一方、課題やコンクールへの出品が目的でないなら、好きな本、気に入った本から選んでも問題はありません。

読書感想文を書く意義は、「読書を通して自分自身を見つめること」だと私は考えています。読書は、自分を見つめ、新しい自分を発見する行為であり、本の題材やテーマについて自分の考えを書くことで、子どもたちは見方や考え方を広げたり、深めたりできるのです。この意義に沿いながら、子どもの「読みたい」という意欲を尊重し、その子が興味や関心をもっているジャンルから本を選んでもらいます。

興味や関心のあるジャンルであれば、その本の内容を自分と比較したり、関連づけたりするのも容易になり、その本を自分に引き寄せて読んでいくはずです。

読書感想文を書くからといって、物語にこだわる必要もありません。絵本でもかまいませんし、科学読みもの、ノンフィクションなどでもいいでしょう。

本を選ぶときは、親子で一緒に話し合いながら、判断は子どもに任せてください。自分自身で選ぶからこそ、子どもの意欲は高まるのです。そうすることで、読書感想文を書く際には、本を選んだきっかけ（出合い）について書くこともできます。

いざ読書感想文を書く段階になって、「何から手をつけてよいか、さっぱりわからない」という場合があると思います。この状態を避けるには、読んでいるときに抱いた気持ちや考えを残していくことがポイントです。
これをするための方法を2つほど紹介します。

①付箋を使う

心に残った場面やセリフ（会話文）、疑問に思ったところなどに付箋を貼っておきます。最初はどんどん貼っていってもかまいません。ただし、読み終えた段階で、読書感想文で取り上げるところを数カ所に絞り込み、取り上げない箇所に貼られた付箋をはがしていきます。

付箋を使うことに慣れてきたら、疑問に思ったところは赤色の付箋、心に残った場面は黄色の付箋といった具合に色分けしていく方法もおすすめです。

②読書ノートを活用する

96ページで取り上げている読書ノートは、読書感想文を書く際にも役立つ方法のひとつです。自分で用意したノートに、タイトルと読み終わった日付を書き、一言《ひとこと》感想を記していくだけで頭のなかがかなり整理されます。一言感想には、心に残った場面やセリフ（会話文）などを書くのもいいでしょう。読書ノートの活用は、付箋を使う方法とは異なり、1冊のノートのなかで複数の本を比較できるという利点があります。

実際に読書感想文を書くときのポイント

実際に書き始める前に知っておくべき事柄として、読書感想文の基本的な組み立てについて説明しておきます。一般的な読書感想文は次のような構成になっています。

はじめ……本の紹介、タイトルや作者、本を読んだきっかけ、あらすじなど
なか……心に残った内容、心に残った場面や言葉や登場人物の行動、心に残った理由、自分と比べたり、自分に置き換えたりして考えたことなど
おわり……本の内容に対する自分の考え、本を読みながら自分のなかで変わったこと、読み終えて強く感じたことや考えたことなど

これが基本的な読書感想文の組み立てです。次に大まかではありますが、低学年、

中学年、高学年別にちょっとしたヒントをお伝えしておきます。

低学年にとって、書きやすいのは手紙形式です。本のなかに出てくる登場人物に向けた手紙として書くのがおすすめです。学校の授業でも学習活動として取り入れられる方法のひとつでもあります。

中学年の場合、「もし自分だったら」という視点をもちながら、本のなかの登場人物になりきって書くのもひとつの方法です。もしくは、もし自分が主人公で同じ立場だったらどのように考えるかという観点から書き進める方法もおすすめです。

高学年になると、テーマが「友情」といったものから「命」にまで幅広くなります。そうしたテーマを扱いながら、自分の体験や身近なエピソードと関連づけて書いていくといいでしょう。

読書感想文は、単に読書を促すだけでなく、本の内容にじっくりと寄り添いながら物事に対する自分の考え方を確立させていく効果が期待できます。学校の課題やコンクールの出品のためだけでなく、普段から積極的に読書感想文を書く機会を作っていきましょう。

4 子どもに読書の習慣がつくと何が起きる？

子どもを救った本の存在

読書の習慣が子どもを救ってくれたという事例を、私はこれまで何度も見ています。第1章で紹介したマサシのケースは、それらのうちのひとつでした。

まったく別のパターンで、記憶によく残っている例があります。

担任したナナミという女の子が不登校から読書によって立ち直ったケースです。このときも、読書が子どもの状況を変える大きな力になったのを実感しました。

低学年のころのナナミは、友だちも多く、とても明るい女の子でした。ところが、グループ間の友人関係がきっかけで他人と接触するのを避けるようになってしまったのです。

低学年のころからナナミは、本がとても好きで、時間を見つけてはよく読んでいました。クラスでは、女の子たちのまとめ役的な存在で、活発な子どもという印象でした。ところが、思春期に差しかかろうという段階でつまずいてしまったのです。

登校をしぶるようになってからのナナミはずっと部屋に引きこもり、本ばかり読んでいるとのことでした。この時期に彼女が読んでいた本は、主人公が仲間外れにあってしまうような悲しい内容のものばかりだったようです。

つらさで思い悩んでいるとき、人は自分が直面しているのと同じような境遇が描かれた物語を求めます。つらい状況が書かれている本を読み、それに共感を抱き、「つらいのは決して自分だけではないんだ」と言い聞かせて困難を乗り越えようとするのです。その段階を経て、少しでも元気が出てくると、今度は希望を感じられる本を読み、自分を奮い立たせようとします。

私はナナミの母親と連絡を取りながら、ナナミが登校できるように全力を注いでいました。

大きな力を与えてくれる本の存在

その後、ナナミは悲しい内容の本から遠ざかり、明るい内容の本を手に取るようになっていきます。おそらく、物語のなかの主人公に自分を重ね合わせ、状況を変えようと努力していたのでしょう。仲の良い友だちがナナミの家をたびたび訪れては、手紙を渡したり、おすすめの本を貸したりするなどして支えてくれました。それもあって、ナナミはあるときから登校できるようになるのです。

あとになってあらためてナナミの母親から話を聞くと、最初のころに読んでいたのは、仲間外れやいじめを扱ったライトノベルの本が多かったといいます。その後、子どものころに読んでいた絵本を引っ張り出してきて読み始めたそうです。それがひと段落すると、今度は内容の幅を広げ、前向きになれる明るい内容の本を読むようになりました。

お母さんによると、本の存在がナナミにとって大きな力になったと言います。「本を読む」という居場所があったおかげで、彼女は精神的なつらさを乗り越えられ、家族とのつながりも保て、そして、不登校から立ち直ることができたのです。

この例からもわかるように、読書は落ち込んだときの居場所、もしくは心の支えになりうる行為と言っていいでしょう。本にはやはり、人を変える力があるのです。

友だちをつくるきっかけを与えてくれた本

もうひとつだけ、実例を紹介しましょう。ユカという女の子の話です。

私が彼女の担任になったのは、進級と同時に他校から転入してきたタイミングでした。ユカがそれまで通っていた小学校はとても小さく、そこから大きめの小学校に転入してきたため、最初はかなり戸惑っていたようです。そのためか、新しい学校になじめずにいました。

ユカはふだんからひとりで遊ぶのが好きな子どもでした。

彼女は図書委員になると、休み時間には図書室に行って、本をひたすら読み始めるのです。その傍らで、誰かが本を借りに来ると貸し出しの仕事をするというのが、彼女の学校生活のサイクルでした。

そうした状況がしばらく続いたような気がします。そしてあるとき、変化が起きるのです。

同じクラスにひとりの女の子がいました。

スズカという名前のその子は、大多数の女子のように仲良しグループに入り、つねに数人で一緒に行動するタイプの子ではありませんでした。このスズカがユカに興味をもち、「いつも何してるの?」と声をかけたのです。

おそらくユカは「本を読んでいるの」とでも答えたのでしょう。

「本って、どんな本?」

こんな会話が続いたのかもしれません。

いずれにしても、スズカに声をかけられたのがきっかけになり、2人で図書室に行き、本を読む時間が増えていったのです。

するといつの間にか、ユカは自然にクラスになじんでいきました。しかも、ユカに影響されたスズカがすっかり読書にはまるといういい結果ももたらしています。

「読書」があったおかげで、それを通じて新しい友だちをつくれたのです。

本は、こうしたプラス効果を子どもたちにもたらし、目の前に立ちはだかるつらい状況さえも変えてくれるのです。

読書が子どもにくれる素晴らしい力

読書の力について、さらに話を進めていこうと思います。

本書の冒頭で、「人間性を高められる」というメリットを紹介しました。成長段階の子どもにとって非常に大事な観点なので、これについて説明しましょう。

まず、ここで言う「人間性」は「共感力」と置き換えてもいいのかもしれません。これは、自己形成にも大きく関わります。

読書の習慣が身につき、読解力（これについては後述します）が高まるにつれて、子どもたちは本の内容を深く理解するようになります。すると子どもたちは、本のなかの登場人物の気持ちを読み取り、その人物たちの人間性に触れるという体験をし始めるのです。

読書をしながらこのプロセスを何度も繰り返すたびに、子どもたちは「世のなかには実にさまざまな人たちがいる」ことを学び、それら多様な人物に「共感する気持ち」を培っていきます。

本のなかには、「正義感の強い人物」「正直な人物」「優しい人物」「勇気のある人物」「知恵がある人物」などが登場します。これらの人物に共感を抱き、憧れ、「自分もあなりたい」と願ううちに、理想の人物像を心のなかに描いていきます。そしてそのイメージが、子どもたちが自己を形成する上での道しるべとなるのです。

子どもの視野を広げる友だちとの感想交流

登場人物に対する自分の思い（共感）をより明確にするには、ひとりで読書をして完結させるだけでなく、同じ本を読んでいる友だちと感想を交流し、自分とは異なる意見に触れていくのも大切です。

「私は、あの登場人物が好き」

「えー、どーして？　だって、あの人、〇〇じゃない？」

こんな感想を学校の友だち同士で交流することで、人の感じ方、考え方の多様性に気づいていきます。友だちの意見に素直に納得できず、「〇〇ちゃんの考えには納得いかない」などと思ったりもするかもしれません。しかし、自分とは異なる意見に触れたときに子どもは真剣に考え始めるので、こうした経験は貴重なのです。

さまざまな意見に耳を傾けながら友だちと感想を交流し続けることで、次第に自分とは異なる意見の存在も認められるようになるでしょう。こうして子どもたちは、自分の視野を広げていくのです。また、読書を通じた感想の交流が、学力向上に効果があるという研究結果も出ています。

小学4年生の国語の教科書に掲載されている物語に、新美南吉の『ごんぎつね』があります。いたずらばかりしているきつねと、村人の兵十《ひょうじゅう》の交流が描かれた作品で、小学生時代に読んだという人も多いはずです。

この物語で言うと、ごんというきつねの立場で読んだ場合、「ごんは償いの気持ちを見せたかった」との感想を抱き、ごんに共感を覚えます。一方、兵十の立場に寄り添うと、ごんはただのいたずらぎつねでしかなかったという見方が生まれます。

ひとりで『ごんぎつね』を読み、ごんと兵十の両者の立場になって、自分なりに考えをまとめてみるのもいいでしょう。さらに踏み込んで、友だちと感想を交換し、自分と同じ意見に触れて納得したり、異なる意見を聞いて驚いたりしてみるのです。

こうした経験を積み重ねていけば、子どもの視野は確実に広がっていきます。

魔法の言葉「だったら」がジャンルを広げる

子どもたちに読書の習慣がついてきたら、次に考えてほしいのが、読む本のジャンルの幅を少しずつ広げることです。

ただし、これについてもせかす必要はまったくないので、ゆっくり行動を起こしていきましょう。

ジャンルの幅を広げてあげたい、読み広げをさせたいと思ったとき、私は意識して「だったら」という言葉を使います。

たとえば、子どもが手塚治虫のマンガにはまり、そればっかり読んでいるとしましょう。親としては、少しでも幅を広げたいと思うはずです。そんなときは、「だったら、手塚治虫さんの伝記も読んでみたら」と提案してみてください。

「だったら」というのは、相手の考えを認めた上で、こちらから何かを提案するときに使う言葉です。否定語ではないので、子どもも嫌な気持ちにはなりません。また、「だったら」は相手の考えを認めた上での提案ですから、子ども自身の中心軸を壊すこともありません。

子どもが『火の鳥』にはまっているのなら、「だったら、日本の歴史も面白いかもよ。卑弥呼《ひみこ》の本を読んでみたら」とすすめてみるのです。

さすがに、暴力描写や性描写があまりにも激しい場合は、「でもさ、これはまだダメだよ」と伝えて、子どもの選択を否定しなくてはならないときもあります。こうしたケースは例外ですが、子ども自身で見つけた興味の対象がある場合は、それを否定せず、むしろその興味を尊重したまま「だったら」という言葉を用いて、作者やジャンル、テーマの幅を広げるための働きかけをしてみてください。

切り離せない読書と読解力の関係

読書の習慣と読解力は、自転車の両輪のようなもので、お互いに作用し合う関係です。両者について簡単に説明しておきましょう。

「読書」とは主観的な読みを意味し、正確に読むのはもちろん、読む側の考え方の「広がり」を促すものです。一方、国語の授業における「読解力」とは、客観的な読みのことで、詳しく読むこと（精読）を通して、書かれている内容についての「深い」理解の獲得を目指すものと言えます。

では、本をたくさん読めば、読解力は上がるのかというと、そう単純ではありません。

何冊も読ませるよりも、ひとつの物語を細かく読んだほうが読解力アップにつながります。詳しく読み取りながら登場人物に目を向け、異なる視点から話を捉え直してみるのです。また、登場人物たちの人物関係を整理していくのもいいでしょう。これらを繰り返していくうちに、子どもたちの読解力はどんどん強くなり、太くなっていきます。

先ほども触れましたが、ひとつの物語を読んだあとに、友だちと感想を交流するのも読解力の向上にはプラスです。

読書の習慣と読解力は自転車の両輪ですから、この両方がそろってこそ、うまく前に進んでいけるのです。

両輪がそろうのが確認できたら、次のステップとして多読に目を向けてください。

読解力を活かしながら多読ができるようになると、今度は1冊のなかに登場する人物だけでなく、さまざまな本に登場する人物たちの読み比べが可能になります。これをすることで、子どもたちの視野はさらに広がっていくのです。

多読によってたくさんの物語に触れていくと、子どもの想像力は豊かになります。また、幅広いジャンルの物語を比較していくうちに、思考力も育まれていきます。

こうした変化が期待できるので、読書の習慣が身についたら、子どもたちには、精読、多読ができるようになってほしいのです。

「知識イコール教養」という時代は終わった

読書には、「教養」の幅を広げられるという利点もあります。これは子どもに限ったことではなく、大人にとっても同じことでしょう。

教養というと、「知識量が多い」とか「物知り（雑学も含め）である」というイメージを思い浮かべる人が多いかもしれません。実際、読書によって得られるものを「知識イコール教養」として位置づけてきた傾向がありました。学校教育の場面でも、読み書きができたり、算数の問題が解けたりすることを知識が多いとして評価してきたのです。

これまでの学校教育は、こうした知識を中心としていました。ただし現状を見ると、どれだけ知識の量が多くても、社会人になった時点で周りの人たちとのコミュニケーションがうまくとれず、うまくやっていけないという現象も目立ってきているのです。

これを受けて昨今では、ＩＱ（知能指数）などで数値化できる能力でなく、数値化できない「内面的な能力」とされる「非認知能力」を高めようという考え方が高まっています。なかでも日常生活に大きく関わる非認知能力として知られているのは、「やる気」「最後までやり抜く気概」「リーダーシップ」「コミュニケーション力」「協調性」などです。

現在では、これらの非認知能力を伸ばすことこそが、大人になってからの仕事での成功や収入に結びつくとの見方が世界的に支持されつつあります。さらに、これらの能力を伸ばすには、とくに幼児期からの育成が重要と言われるようになりました。

事実、欧米などの先進的な国では、非認知能力を伸ばす教育へと重点をシフトさせています。

日本においても、非認知能力を高めることが重要であるという考えがようやく強まってきました。学校教育でもそうした流れに移行しつつあり、今ちょうど過渡期にあたっています。

読書によって得られるこれからの時代の「教養」

そもそも教養という言葉には、知識よりも、もっと深い意味が含まれていると考えるべきだと思います。

古代ギリシャの時代、教養とは、論理学、幾何学、天文学など「人がもつ必要がある、実践的な知識・学問の基本」と見なされた自由七科《じゆうしちか》のことを指していました。この自由七科を英語に訳したのが「リベラルアーツ」です。

近年、「教養（一般教養、教養教育）」を「リベラルアーツ」と呼び、授業を行う大学もずいぶん増えてきました。ここで言う「リベラルアーツ」は知識量や情報量を指しておらず、どちらかというと「知識や情報を活用して、多面的・多角的視点で物事を考える力」「適切に意思決定する能力」を表すものなのです。

私自身の「教養」に関する捉え方も、これに重なります。読書を通して得られる「教養」とは「情報を選択しながら、それらを結びつけて活用し、考える能力」だと理解しています。

これから私たちは、何が正しくて、何が間違っているのかが従来のルールではははっきりと規定できない「正解のない時代」へと突入していくと言われています。

そのような時代を生きていくには、自ら問いを見いだし、正解ではなく最適解を導き出していかなくてはなりません。この力を得るには、「考える（思考する）こと」が不可欠です。

自分が持ち合わせている知識、意見に固執してばかりいたら、いつまで経っても井のなかの蛙《かわず》で、物事の本質は見えません。

その状態から脱するには、他者の存在が必要です。他者と言葉を交わすなかで、自分の考え、問いに対する答えを見つけ出すことが求められているのです。それらを経て得られた知識が、「教養」となります。

これからの時代、子どもたちにはここで定義されている「教養」を身につけさせてあげるべきでしょう。それを可能にしてくれるのが読書なのです。

語彙力が圧倒的に高かったマミ

読書によって得られるメリットについて、再び実例を紹介しながら説明していきましょう。次に取り上げるのは、「語彙が豊かになる」という利点です。

知識として言葉を知っている状態を、「語彙力が高い」という場合があります。しかし、その受け止め方は正しいとは言えません。ただ知っているだけでなく、その言葉の意味を正確に理解し、実際に会話や作文で使えるようになるのが、本当の語彙力なのです。これができるようになるには、学校の教科書を読むだけでなく、普段から読書をし、しかも多読を行う必要があります。

以前に受けもった児童に、マミという女の子がいました。彼女は、親から「読みすぎだから、読むのを少しやめなさい」と注意されるほどの読書家でした。通学時はもちろん、歩きながらでも本を読むような子どもだったのです。

マミを担任してみて思ったのは、さまざまな物事を比較し、客観的に捉え、分析する力に長《た》けているということでした。

とくに高学年になると、彼女はそれまで以上に優れた才能を発揮していきました。クラスでミュージックフェスティバルや運動会の学校行事について話し合いをする際、クラスメートにその行事の方向性を示す意見を述べ、言葉の力によって全体をまとめていく役割を果たすようになったのです。

かといって、自分の意見を押しつけたりはしません。クラスメートの話をしっかりと聞き、出てきた案によく耳を傾けていました。

すべての意見を聞く一方で、それらについてのメリットとデメリットをうまくまとめ、クラスメートたちに再提示をするという調整を上手にしていたのです。

彼女は、自分の頭のなかでそれぞれの意見を比較し、客観的にまとめていたのだと思います。マミが発言をすると、クラスメートたちも自らの意見を改め、冷静に考えながら、クラス全体が納得できる、バランスのとれた総意ができあがっていくという流れに入っていきます。私は、こうした場面を何回か目撃することになりました。

どうしてマミは、このような能力を発揮できたのでしょうか。

他人の意見を客観的に捉え、分析する力に長けていたのは確かですが、彼女にはもうひとつ、優れているところがあったのです。それが語彙力でした。

マミの話には、自分の考えを表現する的確な言葉がちりばめられていて、実に説得力があったのです。

読書をすれば「書く力」や「構成力」も向上する

彼女は、作文でも才能を見せます。とにかく創造性が豊かでした。

学習発表会で劇の発表があるとき、台本を書くのは本来なら教師である私の役目なのですが、マミ自身が名乗り出て、私の代わりに台本をつくってくれたこともあります。

私が台本をつくってクラスに配布すると、「先生、これだとあまり面白くありません」と、ダメ出しされてしまったのです。そこで私は、「どうしたらいいか？」と尋ねました。すると彼女は、「自分たちで台本をつくりたい」と言ったのです。私は、彼女たちに任せることにしました。

実際に台本づくりがスタートすると、マミたちは独自のアイデアを次々と取り込んでいきます。

「この場面をきっかけにして主人公が変わっていくという設定にしたほうが面白い」

全体の構成を考えながら、話を面白くするための工夫をする姿勢を見て、私は感心してしまいました。彼女は、言葉の意味を知っているだけでなく、それを使いこなせる高い語彙力をもっていたのです。

こうした能力を身につけるには、長い時間と一定の読書量を要します。それは、ママを見ていてもわかります。

彼女は、小学校に入学してから2000冊近い本を読んでいました。ほかの同級生と比べても、インプットの量が圧倒的に多いので、これまで読んできた本のなかから、いいところを引っ張り出してきて、自分なりにアレンジを加え、クラスの劇の台本作成に活かしていたのでしょう。私の台本を「面白くない」と批評するだけあって、話の筋立てを構成する力も抜群でした。

彼女の特長は、何といっても客観的にモノを見る力に秀でていること。さらに、比較思考ができる点です。これらはおそらく、ひとつの物事や人物に対して、いろいろな見方や背景があるということを、読書を通じて学んだからだと思います。

上級者には大事なところが見える

劇の台本は象徴的なものですが、私はマミの日記を普段から見ていたので、文章力や表現力が見事に発揮できていたのを知っています。語彙力がアップしてくると、たとえ日記であっても言葉の選び方が整ってくるのです。主語と述語の使い方も上達し、比喩などの表現技法の使い方も巧みになってきます。たったひとつの文章も、語彙力がアップしてくると、表現が細やかで豊かなものに変わってくるものなのです。だからと言って、マミはダラダラと長い文章を書くわけではなく、短い文のなかで、的確に表現できるようになっていました。

国語の授業では、題材となっている物語について、子どもたちから感想を聞く機会があります。こんなとき、語彙力が高い子どもたちから感想を聞くと、ほぼ間違いなく、的を射た感想が返ってくるものです。

それが人から聞く話であれ、物語であれ、何らかの情報をインプットしたあとに、それについて考え、感じたことを自分の言葉でまとめるという癖が自然と身についているため、思いつきではない感想を述べられるのでしょう。

マミと同じクラスに、ソウイチという読書好きな男の子がいました。この2人は、競うようにしていろいろな本を読んでいました。ミヒャエル・エンデの『モモ』のような分厚い本も、彼らはすでに読み始めていました。

あるとき私は、マミとソウイチに「どうして、君たちはこんな分厚い本を読めるの?」と聞いたことがあります。すると彼らは、「先生、大事ではないところは、なため読みするんですよ」と答えたのです。それを聞き、私は思わずうなってしまいました。

こうした読み方ができるため、彼らは本の分厚さに臆することなく、次から次へと新しい本に挑戦していたのです。

ただし、マミとソウイチの話を聞いているうちに、疑問も頭に浮かんできました。

(なため読みをしていたら、本の内容をつかめないのではないか)

こう思ったのです。さっそく私は、彼らにその疑問をぶつけてみました。

すると彼らからは、「本を読んでいけば、大事なところはすぐわかります。そういうところでは、スピードを緩めてじっくりと読みます」という答えが返ってきたのです。それを聞き、私は再びうなってしまいました。

別な機会に読書好きの別の子に聞いてみると、やはりマミと同様、「大事なところでは自然と止まる」のだそうです。彼女によれば、「自然と見えてくるようになる」と言います。

こうした力は、社会に出てからもきっと役に立つでしょう。社会人になって仕事をするようになれば、文書を読んだり、人の話を聞いたりする機会も格段に増えていきます。その際、インプットしたものを正しく理解し、それを要約して、すぐに意見が言えれば、これほどいいことはありません。仕事以外の場面でも、コミュニケーションを通じて相手を理解し、共感できる人は誰からも好かれるものです。

読書によって相手を理解する力や共感する力を身につけられれば、その恩恵にあずかりながら、子どもたちはどんなところでも立派に生きていけます。

5
大切にしたい本との出合い

「つくふ」って、どんな小学校？

ここで少し、私が教師を務める国立筑波大学附属小学校（つくふ）についても触れておきましょう。

とはいっても、単に学校の話をするだけでなく、つくふで行われている読書に関する取り組みを紹介しながら、各家庭のお子さんの読書に参考になるような内容をお伝えしようと思います。

そもそも、つくふが全国の市町村にある公立小学校と大きく違うのは、専科制を採用している点だと言っていいでしょう。本校では、教科ごとに、国語科、算数科、理科、社会科、体育科、図画工作科、道徳科、音楽科、英語科、家庭科が設置され、先生たちはそれぞれの科に属し、その教科を専門的に教えているのです。

国語科に所属する私は、自分のクラスの担任をしながら、専科で他の学年の国語を教えています。

さらに3年間クラス替えがないため、学級運営にしても、国語の授業にしても、読書活動にしても、長い年月をかけてクラス全体を見届けられるというメリットがあります。ゴールを見据え、それを達成するために、じっくりと計画を立てることが許される状況は、子どもにとっても教える側にとってもプラスの側面が大きいと言えます。

クラスの同じ顔触れと共に継続的に教育が受けられるのも強みです。

通常の公立や私立では、1年ごとに担任が変わる制度が取り入れられているところが多いと思います。この場合、前の学年までの学力状況を把握してから授業を始めなくてはならないということが生じます。

子どもを上手に読書と出合わせるテクニック

つくふの場合、学校の行事が多いのも特色のひとつと言っていいでしょう。

農園に行って勤労生産体験をしたり、学級独自の取り組みとして校外学習を計画し、博物館などを訪れたりする機会がよくあるのです。

以前、担任していたクラスの総合学習の一環として、プラネタリウムに行ったことがあります。そこを訪れる前に、星に関する本や星座にまつわる神話を読むという機会をつくりました。

校外学習というと、読書とは離れてしまう印象があるかもしれませんが、巡りめぐって校外学習が読書を始めるきっかけとなることもあるのです。

一年に一度、子どもたちは山梨県の清里にある学校寮へ合宿に出かけます。清里には『ごんぎつね』の挿絵を描いた黒井健《くろいけん》さんの私設ギャラリーとして、黒井健絵本ハウスがあるので、そこを訪れる前には黒井さんの絵が用いられている教材を使って授業をしたり、挿絵を手がけた本を子どもたちに紹介したりもします。

その合宿の自由行動で絵本ハウスを訪れたときのことです。館内にある図書スペースで、2時間近くグループ全員が読みふけることがありました。こちらから声をかけない限り、ずっと読み続けるのではないかというほどでした。時間がきたので、声をかけると、それぞれ伸びをしながら一言、「あー、すっきりした」とつぶやいたのです。その一言に本当に驚かされました。このクラスの子どもたちは、とにかく本が好きでした。

こうした形で校外学習と読書をうまく結びつけると、読書の面白さに目覚める子どもたちも出てきます。校外学習で目にする世界と、本のなかで学んだ世界の両方を体験し、子どもたちは読書に対する好奇心を一気に高めるのです。

また、全校朝会で児童を前にして話す機会があるときは、読書に関係する話を盛り込んで読書につなげようとしています。

昔から、折句《おりく》という言葉遊びがあります。和歌や俳句などを詠《よ》む際に、各句の最初に物の名前や地名などの1文字を置いて詠む、というものです。例を挙げてみましょう。

からごろも
きつつなれにし
つましあれば
はるばるきぬる
たびをしぞおもふ

『伊勢物語』より

この和歌の各句の1文字目だけを読むと「かきつはた」となり、「かきつばた」という花の名前が隠されているのです。花には花言葉があり、かきつばたは「幸せは必ず来る」。

先日は、こんな話を新型コロナウイルス禍でのオンデマンド動画配信のなかで、私は紹介しました。

高学年に向けた動画配信では、

子子子子子子子子子子子子

をどう読むか問いかけています。ヒントは「音読みと訓読みがカギ」です。

答えは「猫《ねこ》の子《こ》仔猫《こねこ》、獅子《しし》の子《こ》仔獅子《こじし》」。古典の『宇治拾遺物語《うじしゅういものがたり》』に出てくる言葉遊びのひとつで、「自分は何でも読めるのです」と豪語した小野篁《おののたかむら》という漢学者に嵯《さ》峨《が》天皇が「読んでみよ」と言って出題したものだそうです。

こうした話を子どもたちに紹介しながら、短歌や俳句の世界の面白さに気づいてもらい、自然と本に手が伸びるような工夫をしています。

読書との出合いは、学校だけでなく、家庭でもできることです。子どもたちをどこかに連れていくときは、その場所に関連する本を読んであげたり、出合わせておくといいでしょう。訪れた土地の歴史、その土地を舞台とした物語、ゆかりの人物の自伝など、いくらでもジャンルは広げられます。子どもが興味を示したら、そのサインを決して見逃さず、読書に結びつくようにさりげなく結びつけてみてください。

夢中になるとどこまでも突き進む子どもたち

鹿児島県の公立小学校で14年間の教師生活を過ごした後、つくふに赴任して驚いたのは、オリジナリティあふれる数々の教育活動が行われているということです。このオリジナリティは各教科の授業でも同様でした。

たとえば国語の授業で、ある物語を取り上げたとすると、子どもたちにその物語についての活発な意見交流を促し、自分たちの考えを練り上げていくように導いていきます。まただ教えるだけでなく、子どもたちの意見をつなぎ、問い返しながら考えを深めるようにし、子どもたちが主体的に考えていけるように授業を進めていくのです。

このほか、専科制をとっているため、各教科の指導に長けたプロフェッショナルがそろっており、目からうろこが落ちるような場面にもしばしば遭遇します。

つくふが独自の教育方法を取り入れられるのは、研究校として位置づけられ、新たな授業を開発し、提案するという立場に置かれているからです。

今では全国的に導入されている総合学習の時間も、早くからつくふには取り入れられていました。これらの取り組みが教育研究の対象になるケースも多く、全国からたくさんの教師がつくふに参観や研修にやってくることもあります。

子どもたちが本を読む単純な理由

かつて私が担任したクラスには、無類の読書好きが何人かいました。あるとき、そのうちのひとり、リョウに「どうしてそんなに本を読むの?」と聞いてみました。すると、こんな答えが返ってきたのです。

「だって先生、本を読むと別の世界へ行けるし、普段なら経験できないことも体験できるんですよ。すごくドキドキ、ワクワク、ハラハラしませんか?」

とても素直で、子どもらしいなと思う一方で、その答えのあまりの的確さに私は驚かされました。

どうやって時間をつくっているのか、リョウはとにかくいろいろな本を読んでいます。テニスにも夢中になっているため、彼はそちらにもかなりの時間を割いていました。

毎日、忙しいのに、よく両立できているな……。そう感じた私は、再び彼に聞いてみたのです。

「テニスにあれだけ時間を使っているんだから、本を読む時間なんてないでしょう?」

すると、彼はこう言いました。

「先生、これは僕の楽しみなんです。毎日忙しいんですけど、ちょっとでも時間を見つけて本を読むと、すごく落ち着くんです」

リョウはすでに、本との素晴らしい関わり方を築いていたのです。

彼にとっての娯楽はゲームではなく読書でした。両親から、「何か欲しいものある?」と聞かれると、必ず「本を買って」と言っていたそうです。

リョウと仲のいいトオルも読書が好きで、推理ものを中心に読んでいました。彼は口癖のように「先生、この本、すごくおすすめです」と熱く語り、自分の本を紹介するのです。それを聞くたびに、「読書を楽しんでいるな」と感じました。

面白い本に巡り合い、それに夢中になり、ページをめくるたびにドキドキ、ワクワク、ハラハラする——。こうした感覚は、本好きなら誰もが体験しているのではないでしょうか。

「ドキドキ」「ワクワク」「ハラハラ」体験は、子どもに読書の習慣をつけてもらう上でとても重要な要素ですし、確実に子どもたちを動かします。なるべく早い段階でこうした経験をさせてあげられれば、子どもは自然と読書の楽しみを覚えてくれます。

読書は単純に「楽しい」。子どもに感じてほしいのは、実はこれだけなのです。

以前に担任をした別の生徒のひとりは、歴史ものが好きでした。彼はとくに、戦国時代に興味がありました。その入れ込みようはエスカレートするばかりで、そのうちに戦国武将たちの戦略を研究するまでになり、大人顔負けの知識をもつようになります。

武将たちの考え方に影響を受けたのかどうかはわかりませんが、彼はクラスをまとめたり、学級会の司会をするのに長けていきました。読書を通じて戦国武将たちに感情移入しているうちに、人の心を捉える術も学んだのかもしれないと思わせるくらい、リーダー性に優れていたのです。

楽しみながら本を読んでいるだけで、いつしか本の内容が子どもたちの個性や資質になる可能性があります。読書が子どもに与える影響は計り知れません。

子どもが読書好きになるかどうかは、やはり「ドキドキ」「ワクワク」「ハラハラ」がカギになります。こうした感情を子どもの心に起こさせて、本との距離を縮めてあげてください。

読書習慣に必要な「エンジン」

第1章でも触れましたが、子どもに読書の習慣を身につけさせようとするとき、親がしばしば犯しがちな間違いは、本というモノを与えるだけで、それを読む時間と人については考えないというものです。

これとは別に、子どもに読書の習慣がついていないのに、読む時間と本ばかりを与えてしまうというケースもよく見受けられます。子どもからすると、これらを与えられても読書の習慣がないのですから、何をしていいのかわからずにただただ困惑するのみです。

読書の習慣がつくまでは、やはり親が子どもに寄り添い、読み聞かせをするなどして、子どもと本を近づけてあげなくてはなりません。このプロセスを省いてしまうと、子どもたちはいつまで経っても本を読みたいとは思ってくれないでしょう。

子どもに本への興味をもってもらうには、子どものなかにあるエンジンをオンにしなくてはなりません。このエンジンをオンにしてあげられるのは、何といっても親などの周りにいる大人なのです。場合によっては、学校の教師たちもエンジンをかけてあげられると思いますが、長い時間にわたって子どもと過ごしている親にはどうしてもかないません。

読書にしても、そのほかの勉強にしても、その面白さを知ってエンジンがかかると、子どもたちは驚くほどの速さでのめり込んでいきます。

こうなると、大人がブレーキをかけても子どもたちはなかなか止まってくれません。

子どもたちの好奇心は実に多種多様で、グループ学習の際には指導する私のほうが感心させられるケースもよくあります。牛乳パックを用いて実際の玩具メーカー顔負けのおもちゃを作り上げるグループから、ビオトープにいる生き物に興味をもち、ザリガニ調べに精を出して、独自の捕獲器の〝開発〟を試みるグループなど、ユニークさにあふれているのです。

ほとんどのグループが、活動の途中で壁に行き当たります。そのときに問題解決のための手段として頻繁に使われるのが「本」です。百科事典、図鑑など、必要な情報を得るために率先して本を手に取るようになります。

これがきっかけとなって、問題解決の手段として用いたモノづくりの本や百科事典、図鑑を読む楽しさに目覚めていく子どもたちもいるので学習の効果は計り知れません。

何かに没頭して突き詰めていけばいくほど、ほかの教科やジャンルにも関連していき、知らず知らずのうちに学習しているという相乗効果が出るものなのです。

一度何かに夢中になると、子どもたちはどこまでも突き進んでいきます。すると、あとは自分の頭で考えて、自発的に問題を解決しようとします。問題解決のために知識が必要だとわかれば、本を手に取るようにもなるでしょう。

大人ができるのは、こうしたときに適切に手助けしてあげることだと思います。この勢いを子どもからうまく引き出して、読書が習慣になるように導いていきましょう。

ただし、子どものエンジンは簡単にかかりやすいので、注意も必要です。目を離していると、あらぬ方向へと進んでしまうかもしれません。

事実、保護者から寄せられる相談の内容に耳を傾けると、子どものエンジンの取り扱いには気をつけないといけないことがよくわかります。

「子どもがゲームばかりしていて困っています」

こうした相談が、後を絶たないのです。

子どもは、基本的にゲームが大好きです。一度、その楽しさに触れると、一気にエンジンに火がついて、とことんゲームにはまっていきます。こうなると、いくらブレーキをかけても、なかなか止まりません。

子どものころの追究心は、非常に強いものです。ゲームだけでなく、たとえば、自転車の乗り方を覚えるようなときにも、強烈な追究心を示します。最初はうまく乗れなくても、「乗りたい」という気持ちがある限り、いくら失敗をしても、あきらめずに練習を続けていけるのが子どもです。

たとえば、虫に向ける子どもたちのあくなき好奇心に、大人の私たちが驚かされることはしばしばあります。親にとっては触りたくもないようなダンゴムシのような虫を大量に集め、それらを並べてじっくり観察する子どもの話は、今も昔も定番の子どもネタです。

これらはすべて、エンジンがかかり、どっぷりとはまってしまった結果として見られる子どもたちの姿です。

一度エンジンがかかれば、子どもたちは自ら動き出します。大切なのは、何に対してエンジンをかけるかです。読書に対してエンジンをオンにしてほしいのであれば、子どもにしっかりと寄り添い、本に興味が向くような出合いの場をつくりましょう。

上手にエンジンをかけてあげることができれば、子どもは持ち前の没頭力を発揮し、読書に夢中になります。

大切な「読書仲間」の存在

成長し、世の中のさまざまな物事に触れていくにつれて、読書から遠ざかってしまうという話もよく聞きます。

たとえば、女の子によく見られるのは、高学年になって音楽やアイドルなど、別のものに興味が移ってしまい、それまで習慣になっていた読書をやめてしまうというケースです。男の子の場合は、ゲームやスポーツに関心が移り、読書から離れていくパターンをよく目にします。

そうならないためにも、特定のジャンルだけでなく、幅広いジャンルの本を読ませて、しっかりした読書の習慣が身につくようにしましょう。

かつての教え子のなかには、読書量が飛びぬけて高い子どもたちが何人かいました。彼らは、学校の図書室の本を全部読みつくしてしまうような勢いで、さまざまなジャンルを片っ端から読んでいくのです。通学時間や休み時間はほぼ読書に費やすような状態でした。

高学年になって親の手から徐々に離れていくなかで、彼らがどのようにジャンルを広げていけたかというと、友だちからの影響が大きく作用したようです。

「この本、めちゃくちゃ面白かったよ」

友だちからのおすすめの言葉を受け止めて、「じゃあ、読んでみよう」という気持ちを起こし、少しずつジャンルを広げていったのです。

友だち同士でこうしたやり取りが始まると、本の貸し借りをしたり、感想を交流したりする場面が増えていきます。ここまで来ると、すんなりとジャンルの幅を広げるサイクルに入っていけるでしょう。

私の娘は、小学生時代に司書の先生と仲が良くなり、その先生から直接おすすめの本を教えてもらうという機会に恵まれました。これをきっかけに、ジャンルの幅が一気に広がっていったのです。

読書が本当に好きな子どもだと、小学生のころから小説を読み始め、それらの本で語られる独特の世界に浸るという楽しみ方を覚えていきます。

子どもが高学年になるころには、読書のジャンルを広げるために親以外の「読書仲間」の存在も重要になってくるのです。親は子どもの友だちづくりにも関心をもち、子どもたちによる本の貸し借りや感想交流を促してみるといいと思います。

読書の習慣を続けるための工夫

一度始めた読書を継続させるための工夫として、ある1冊の本を読んだあと、同じ作者の本や同じテーマの本をすすめてみるという方法があります。そうすることで敷居を低くして、スムーズに次の本を手に取らせるようにするのです。読書をしたい気持ちが高まったからこそ、できるだけ早く次の本につなげるようにするのです。

　私自身、子どもたちが読書好きになるように、機会あるごとに工夫をしています。

　ポップ（手のひらサイズの厚紙）におすすめの本に関する短い紹介文を書いてもらい、図書室の入口や教室の壁面に貼るという方法を取り入れたこともあります。下に実物を載せました。これは、ほかの子どもたちにこれらのポップを見てもらい、興

「いなくなっても 一生忘れない 友だちが、
一人、いればいい」
事故で足を悪くしてしまった恵美ちゃんと
病気がちの由香ちゃんを通して友だちの
意味を見つけていく物語です。
クラスメートたちが本当の友だちとは
何かを問いかけてくれます。
「きみの友だち」重松 清

「ポップ」読み手を意識した見事な構成で、心に残る言葉や内容がまとめられています。（6年生）

味が湧けば借りてもらうという効果を狙ったものでした。

高学年ともなると、大人の意見よりも友だちの意見を参考にすることが多くなります。子どもは周囲の子どもたちに影響され、視野を広げていくのです。

子どもたちの会話から、「あの本、読んだ？　面白かったよ」という声が聞こえてきたら、子ども同士で感想交流をし、意欲的に読書をしようとしている証拠です。

こうした場をつくれるのは、やはり小学校です。しかし、家庭内ではまったくできないというわけではありません。感想を交流するのであれば、親子、兄弟姉妹の間でも実行可能です。

子どもが本を読んでいたら、感想を聞いてみてください。また、その感想に適切な応答ができるように、子どもたちが読んでいる本を可能な限り読んでみてください。

解釈の違いがあったとしても、「このように考えたよ」と、違った角度からの感想を伝えていいでしょう。本を話題にした親との会話が楽しければ、子どもはさらに本を読み、こちらが尋ねなくても感想を伝えてくれるようになります。

「気持ちの切り替え」を身につけさせよう

私が重点を置いているものに、子どもたちの「気持ちの切り替え」があります。「気持ちの切り替え」は、学校生活を送る上でとても大切な要素です。

「ここで気持ちを切り替えるよ」

普段の授業、学校行事など、私はさまざまな場面でこう呼びかけるようにしています。この言葉を子どもに伝えることで、彼らを本気モードにさせたり、気持ちを緩めたりするのです。

たとえば、遊びの要素が含まれる校外学習などでは、子どもたちは羽目を外しすぎてしまうことがあります。こういうときには必ず「切り替えるよ」と言って、気持ちを引き締めさせるのです。運動会などの学校行事で真剣にならないといけないときも、「切り替えるよ」と声をかけます。しっかりとしたメリハリをつけるために、その都度、気持ちをがらりと変えなくてはいけません。

休み時間が終わって、授業のために教室に入っていくときも、子どもたちの気持ちを切り替えるようにしています。いい授業ができるかどうかは、教室に入った瞬間に決まります。そのときの教師の真剣な雰囲気を感じ取らせて、子どもたちの気持ちをがらりと切り替えていくのです。教師の真剣さが伝われば、子どもたちも授業にしっかりと向き合うようになります。

子どもたちの「気持ちの切り替え」は、家庭でも必要です。だらだらと過ごすのではなく、決まった時間になったら気持ちを切り替えて勉強をしたり、読書を始めるように促します。これがスムーズにできないと、テレビをだらだらと見たり、いつまでもゲームで遊んでしまったりするでしょう。

切り替えを素早く行い、子どもの気持ちを学びモードや読書モードに変えられれば、子どもたちの行動は見違えるほど変わっていきます。

本との出合いを見逃さない

以前、マサキという4年生の児童を担任したことがあります。彼はもともと、あまり本を読まない子どもでしたが、ある物語との出合いから読書に没頭していくのです。

幸い、私はマサキが読書好きになっていく様子を間近で見ることができました。その過程は、子どもたちに読書の習慣をつけさせる上でとても参考になるケースでした。

マサキはまず、授業で取り上げたあまんきみこさんの『白いぼうし』に興味をもち始めました。ここから変化が現れ始めるのです。

このお話をかなり気に入った様子のマサキは、あまんきみこさんが書いたほかの本を読もうと思ったらしく、自ら図書室を訪れ、別の本を借りてみたようです。すると、これがまた面白く、一気にエンジンがオンになり、読書にはまっていきます。

それ以降、あまんきみこさんの本を立て続けに読み、しばらくすると今度は彼女の本だけでなく、ほかの作者の本にも手を伸ばし始めました。こうなると、もう勢いは止まりません。読書の習慣が身についたマサキは、すっかり本好きになっていました。

あるとき機会があってマサキの母親に聞いてみると、「やはり『白いぼうし』がマサキの好奇心を刺激したと思う」とのことでした。彼は、あまんさんがつくり出すファンタジーの世界に魅了されたのです。

それまでも、まったく本を読まないというわけではありませんでした。しかし、読書の習慣がついてからは読む量が増え、多読になっていきました。4年生の時点で、おそらく月に10冊程度は読んでいたのではないでしょうか。

読書の習慣が身につくかどうかは、本との出合いが非常に重要なカギを握ります。マサキの場合も、『白いぼうし』と絶妙なタイミングで出合えたからこそ、読書への興味が膨らんでいったのです。自分の好みに合った作品を書いているあまんきみこさんという作者に出会えたのも、マサキには幸運でした。彼女の作品を立て続けに読み、それらが気に入ったため、エンジンに火がついたのです。

マサキは、『白いぼうし』を読み、ファンタジーというジャンルと出合えました。そこを入口として、読書の面白さに目覚めたのです。ちなみに、マサキが読んだあまん作品の2冊目は、『車のいろは空のいろ　星のタクシー』でした。

重要視すべき2冊目との出合い

あまん作品をひとしきり読んだあとは、ファンタジーのジャンルを中心に、岡田淳の『ふしぎの時間割』『つりばしわたれ』（長崎源之助著）など、面白そうな本を自分で探して読んでいました。

これらファンタジーの物語には「不思議な世界」への入口と出口が描かれているのです。

たとえば『つりばしわたれ』の場合は、風が吹くと「不思議な男の子」が出てきて、風が止むと男の子はいなくなってしまいます。

風という要素が、入口と出口の境界を作り、その向こう側とこちら側を行ったり来たりするという設定に、どうやらマサキは魅了されたようなのです。

「風」といえば、宮沢賢治の『注文の多い料理店』でも、「不思議な世界」と「現実世界」の境界を分ける装置として効果的に使われています。マサキはこの話も好きでした。

自分の好きなお話のパターンを見つけられたマサキは、その好みを中心軸にして、読書を続けていきました。

マサキを見ていて思ったのは、子どもに読書の習慣をつけてもらうには最初の作品との出合いはもちろん、2冊目との出合いも非常に重要だということです。ある物語に興味を持ち、もっと物語を読みたいと思ったのに、2冊目、3冊目で面白味を感じられなければ、そこで読書をやめてしまうことも時にあります。子どものエンジンをオンにするには、2冊目との出合いも肝心なのです。

では、その2冊目をどうやって見つければいいのでしょうか。子どもが自分で見つけてくれれば、これほど楽なことはありませんが、なかなかそう簡単にはいかないものです。やはり親を中心として周りの大人が協力し、2冊目と出合えるように手助けすることも必要です。

その際に、手がかりになるのは、子どもとの会話です。子どもが何かのお話に興味をもったら、感想を聞いてみるのです。どんなところが面白かったのかがわかれば、それが2冊目を探す重要な手がかりになります。

一番簡単な2冊目の見つけ方は、同じ作者の本のなかから選ぶという方法です。ただし、マサキのように「不思議な世界と現実世界の境界」という仕掛けに惹《ひ》かれたケースでは、たとえ同じ作者であっても同様の仕掛けが使われていないかもしれません。それでも、似たような要素を含んでいる可能性はあるので、その作者の本に目を通してみる価値は十分あります。

なかなか見つからない場合は、インターネットを活用しましょう。たとえば「読書メーター」というサイトに書名を入れると、この本を読んだ人たちの感想とともに、「この本を読んだ人がよく読む本」というリストが表示されます。

もしくは、オンライン書店で本を検索すれば、「よく一緒に購入されている商品」がたくさん出てくるはずです。もっと単純に「〈本のタイトル〉似た話」で検索すれば、さらに多くの情報が得られます。これらを参考に、2冊目との素晴らしい出合いのきっかけをぜひつくってください。

6
子どもの読書で気をつけたいこと

すべてを一度に変える必要はない

いざ、子どもに読書の習慣をつけさせようと心に決めたとたん、身の回りの多くのことを一気に変えようとする保護者がいます。

しかし、それをする前に、少し立ち止まってみてほしいのです。一気に多くを変えようとすると、子どもは戸惑います。これについては大人も同じです。職場の異動や転勤などで環境が一気に変われば、順応するのに時間がかかります。

親が姿勢を変えるのは大切ですが、一気にがらりと変える必要はありません。最初はたったひとつのことを変えるだけにとどめてください。子どもはその変化を感じ取りながら対応し、変化に順応していきます。

学校の授業も同じで、私たち教師は、子どもが戸惑い、混乱しないように急激な変化を避けようとしています。

あるとき突然、板書のスタイルを変え、質問の仕方を変え、話すスピードを変え……。このように、2つも3つも変えてしまうと、子どもたちはどうしていいかわからなくなり、授業についてこられなくなります。何か新しい活動を取り入れたりするときは、私たち教師もなるべくひとつずつ変えるようにしているのです。

これまで読み聞かせをしてこなかったのであれば、まずは読み聞かせから始めてください。当面は、これだけで十分です。

子どもが徐々に本を読むようになってきたら、どんな本を読んでいるのかたずね、読み終わったタイミングで、気になったのはどこかを聞き、感想を交流してみましょう。

急ぐ必要はありません。何かをひとつ変えただけで、それがきっかけとなって多くが変わっていきます。

せっかく読書に興味をもってくれたと思っても、親が期待をかけすぎると、子どもは読書に対する興味を失ってしまうかもしれません。親は、子どものエンジンが自発的にかかるように、サポート役に回りましょう。

読み聞かせを続けた結果、子どもがひとりで本を読むようになったら、外出したついでに図書館や書店に寄ってみてください。子どもの様子をうかがいながら、ゆっくり環境を変えていくのです。新たな変化がひとつ現れたあとに、次のことを考えても遅くはありません。

食事の準備中に「本、読んで」とねだってきたら、「今は手が離せないから、あなたが読んでみて」と、これまでとは異なる方法を試してみる。そこでの子どものがんばり、行動に対して「ありがとう」「がんばったね」「上手だったよ」と認め、ほめるのです。

繰り返しになりますが、一度に全部変える必要はありません。ひとつの変化がきっかけとなって、変化の連鎖が起きてくるのです。

気をつけたい兄弟姉妹間での比較

家庭にお子さんが何人かいる場合には、兄弟姉妹の間の本選びにも差異が生じてくるでしょう。このときに親が気をつけなくてはいけないのは、兄弟姉妹間で比較をしないことです。

「お姉ちゃんはこんな難しい本を読んでいるのに、あなたは本すら読まないじゃない」

「弟は、すごくいい本を読んでいるのに、どうしてあなたはそんな本を読んでいるの?」

こうした発言を子どもにするのは、絶対に避けなければなりません。

これは読書に限ったことではありませんが、兄弟や姉妹を比較して、どちらがいい、どちらが悪いという評価をすると、子どもは一気に自信とやる気をなくします。

子どもの側に立って考えたとき、子どもは自分が面白いと思ってその本を選んでいるのですから、その気持ちをわかってほしい、認めてほしいのです。

仮にその本を「悪いもの」「くだらないもの」と決めつけてしまえば、せっかく芽生えた興味を台無しにしてしまいます。

興味の派生が子どもの成長に結びつくケースはいくらでもあるのです。すでに紹介したように、ダンゴムシから野菜づくりへと興味を広げていった子どももいます。こうしたケースもあるのですから、親は短絡的に評価を下すべきではありません。

兄弟姉妹間で違いがあるのは、むしろ歓迎すべきです。

読み聞かせをする際にも、ジャンルの違う本を読ませてあげることができるので、それぞれの幅を広げてあげるきっかけにもなります。

我が家の場合、3人の娘たちがいますが、年齢の違いもあり、好きなジャンルも違っています。私の長女はおもに小説、次女はおもに図鑑、三女は絵本が好きです。

それぞれまったく違ったジャンルにはまっているので、本棚にはいつも多様な本が収まっています。長女が次女の図鑑を手に取って読んでいるときもありますし、次女が「お姉ちゃん、こんな分厚い本読んでるの?」と言いながら、姉の小説に興味を見せ始めたりしています。三女は、まだ初歩の読書期に差しかかったばかりですが、そのうちに姉たちの本に興味をもち始めていくと思います。

どの本、どのジャンルがいい、もしくは悪いという判断をするのではなく、いろいろなジャンルの本に手が伸ばせる環境をつくってあげましょう。「これが読みたい」という子どもの意志をいつ何時でも尊重してください。

子どもに発するべきではないNGワード

子どもに読書の習慣を身につけさせようとしているとき、親が絶対に発してはいけない言葉があります。たとえば、次のような発言です。

「いいかげん、本の1冊でも読んだらどうなの!」

こんな発言をした経験はないでしょうか。

親としては、軽い気持ちで発しただけに過ぎないかもしれませんが、子どもからすると冷たい言葉に聞こえます。なかには、「本を読まない自分はダメだ」と受け止めてしまう子どももいるでしょう。こうなると、自己肯定感が著しく低下します。

「本の1冊でも読んだらどうなの！」は、「〜しなさい」という行動指示をしているだけで、親は一切子どもに手を差し伸べようとはしていません。そこがこの言葉で気をつけなくてはならないところです。

こう言う前に、自分の子どもが何に興味をもっているのか、どんな好みがあるのかなどを探り、それらの本に触れる機会をつくってみてください。普段から子どもの話に耳を傾けることで、楽しい話が好きなのか、それとも怖い話が好きなのか、自然とわかってくるでしょう。

物語が好きな子、図鑑が好きな子、ファンタジーが好きな子など、子どもたちの好みは実に多様で幅広いものです。

NGワードを発する前に、子どもとの会話を通して彼らの興味の対象を知り、面白がって読んでくれそうな本をすすめてみてください。それをせずに、「本の1冊でも読んでみたらどうなの！」と子どもに言い放つのは、絶対に避けたいものです。

もうひとつ、親が言いがちなのは、「本を読まないと、勉強ができなくなるよ」という言葉です。本を読まないから勉強ができなくなるわけでも、本を読むから勉強ができるわけでもありません。この言い方も避けるべきです。また、読書に関わらず似たような言葉で、「片づけないと、夜ごはんはなしよ」、「宿題しないとゲームを捨てるからね」があります。これも親が気をつけるべき接し方です。

こうした接し方は「ダブルバインド」もしくは「二重拘束」と言われます。「Aしないと B」のように、同時に送られるAとB、2つのメッセージの間で板挟みになってしまい、子どもたちは最終的に従わざるを得なくなってしまうのです。ストレスを溜め込む典型的なコミュニケーションパターンのひとつであり、このような接し方がくり返されれば、間違ったコミュニケーションの方法を学ぶことにつながりかねません。「おもちゃを貸してくれなかったら、もう一緒に遊んであげない」と言うのと同じで、自分の思いを通すために相手を服従させる間違ったコミュニケーションの方法のひとつと言えるでしょう。

子どもが同じ本ばかり読んでいると、「どうして同じ本ばかり読むの?」と詰問してしまう親もいます。同じ本ばかりを読んでいる一番の理由は、その本が面白いからです。子どもが興味をもっているものを、全否定するのではなく、その本の内容を確認し、認めながらも、他の本と出合わせていくのがいいでしょう。

同じ本ではなく、同じジャンルの本ばかり読んでいる子どももいるかもしれません。その場合は、少しずつ興味の対象を広げるといいと思います。

歴史の本ばかり読んでいたら、ジャンルを伝記へと広げていきます。先述したように、戦国武将の伝記をすすめ、気に入った様子なら、文豪や科学者などの伝記へと広げていくのです。大人が先回りをして子どものために手とり足とり動いてしまうのはNGですが、子どもの中心軸を壊さないように、サポートをする形でほかのジャンルに出合えるようにしてあげるのはまったく問題ありません。

子どもが読んでいる本のテーマを把握し、同じテーマを扱った本を紹介してあげてもいいでしょう。たとえば友情なら、それをテーマにした本をすすめます。家族やスポーツ、冒険など、ひとつのテーマを軸として新しい本を紹介してあげられるはずです。

こうしたサポートを何度かしてあげると、子ども自身でも面白そうな本を見つけられるようになります。サポートするなかで、自分で本を選ぶ方法を身につけられるようにその方法を教えてあげるのが、親としての大事な役割なのです。

本の内容についてテストをしていませんか？

「小さな子どもが読むような本ばかり読んで！」

場合によってはこう言ってしまいたくなるときもあるかもしれませんが、こちらもNGです。

第4章で、不登校から立ち直った女の子の話をしました。彼女は自分の部屋にこもりながら、数年前に読んでいた本を読み返しています。そうすることで、心の落ち着きを取り戻していったのです。

以前に読んでいた本に戻ってもまったく問題ありません。大人になっても、かなり前に読んだ本を引っ張り出してきて読み返したりします。それと同じで、そのときの心のもち方に応じて本の読み方は変わってくるものなのです。

「ちゃんと読んだの？」

これも、1冊の本をあまりに早く読み終えてしまったときに、つい口にしてしまう言葉かもしれません。

親がこう言うと、子どもは最初は「ちゃんと読んだよ」と答えてくれますが、何度も続けて聞いていると、そのうちに返事をしてくれなくなるでしょう。親はそこで追い打ちをかけるように、「じゃあ、どんな話だったか言ってみなさい」とたたみかけたりしてしまいます。

すると、子どもは完全にやり取りを遮断してしまうでしょう。子どもは「自分のことを信じてくれない」と思ってしまうのです。こうなると親は信頼を失います。

「ちゃんと読んだの?」

「どんな話だったの?」

「大切なところはどこだった?」

こんな質問を立て続けにされれば、テストを受けているように感じてしまいます。子どもは「どこが大切か」を探るために読書をしているわけではありません。単純に楽しいから読んでいるのです。

質問したい場合は、試すような聞き方をするのは避け、かわりに「一番心に残るセリフとかあった?」「登場人物のなかで誰が一番気に入った?」といった聞き方をして感想を交流するといいでしょう。

中学年は新たな局面を迎えるとき

低学年では読み聞かせをしていたのに、子どもが中学年である3、4年生に差しかかったのを境にして、読み聞かせをやめてしまったという話をよく聞きます。

1年生のころは熱心に読み聞かせをするのですが、2年生になると回数が少なくなり、3、4年生になるとやめてしまうのです。子どもがひとりで本を読めるようになると安心し、その時点で読み聞かせをやめてしまう親もたくさんいます。

成長するにつれて、子どもはどんどん自立していきます。それはいいことなのですが、それまで続けてきた読み聞かせを急にやめてしまうと、子どもは変化についていけず、何を読めばいいのかわからなくなってしまうことがあります。極端な変化は、やはり避けたほうが無難なのです。

中学年になると、自分で読みたい本を選んでくる回数が多くなっていきます。ただし、自分の読みたい本やジャンルが確立している状態ではなく、タイトルだけを見て感覚的に選んでいたりします。この段階では、親のサポートがまだ必要なのです。

教育現場では「9歳の壁」や「10歳の壁」という言い方があり、中学年を成長段階において大きな分かれ目であると考えています。

漢字の学習を例にして説明していきましょう。

子どもたちは小学1年生で80字、2年生で160字、3年生で200字、4年生で202字の漢字を学んでいきます。ここまで増えてくると、偏やつくりなど漢字のしくみや書き順のきまりを覚えるなどの漢字の規則性を理解しながら学んでいかないとなかなか覚えることができません。つまり、ここが子どもたちにとって分岐点になるのです。

算数の学習でも、加減乗除から、面積を求めるものなど、具体的な内容から抽象的な内容に触れていくのがこの時期です。そのほかの教科も同様です。

読書においても、この時期は子どもたちが新たな局面を迎えるときです。読める漢字が増え、理科や社会といった新たな教科の学習を通して興味や関心が広がることから、「本をもっと読みたい」という気持ちが大きくなります。

ところが、本の選択という部分でまだ不安定なところがあり、困惑してしまう子どもが多いのも事実です。ですから、読み聞かせの頻度が少なくなったとしても、親子で一緒に本選びをするなど、継続的に子どもと関わるとよいでしょう。

ひとりで読めるようになったからといって、子ども任せにはせず、親子で一緒に本に親しみながら感想について話し合うなどのやり取りを続けてください。

自分の子どもが、何に興味をもち始め、どんな本を好きになっていくのかが固まり始めるのもこの時期です。子どもの変化を細かく観察し、見守っていきましょう。

それまでとは違うジャンルの本を与えてみて、反応を探ってみてもいいと思います。たとえば、日本の昔話が好きなようであれば、海外の昔話をすすめてみましょう。

中学年の子どもに対しては、それまで以上に意図的な働きかけが重要なのです。

目と耳だけはいつまでも傾けよう

中学年あたりで一気に子ども任せにしてしまうと、親は急速に我が子を見失ってしまう可能性も出てきます。実際のところ、自分の子どもが普段どんな本を読み、何に関心をもっているのかがわからず、担任の口から初めて聞かされて驚く親が大勢いるのです。

低学年のときには、しっかりと自分の子どもに手をかけています。ところが、できることが多くなって手がかからなくなると、手だけではなく、目（視線）や耳までも離してしまうのです。子どもが中学年になって手離れし始めても、目と耳だけは傾けてあげましょう。

目を傾けるとは、その子がどんなことに関心をもっているのかしっかりと捉えるということです。一方、耳を傾けるというのは、その子どもの意見や考えを聞くことを意味します。

手がかからなくなったからといって、すべて引っ込めるのではなく、目と耳だけは傾けてほしいと思います。読書についてだけではなく、これは子育て全般に言えることです。

中学年になって子どもがひとりで読めるようになっても、親はできる限り、一緒に本を読む機会をつくりましょう。

その後、子どもが高学年になってくると、さすがに毎日、読み聞かせをする機会は自然と少なくなってくるでしょう。ソファに横に並んで親子で別々の本を読んだり、寝る前にベッドに横になりながら、それぞれが好きな本を読んだりするといいでしょう。読み聞かせの機会が減ってきても、子どもの読書量を減らさないようにすることが大切です。

読み聞かせや読書については、文部科学省から委託を受けたお茶の水女子大学が2014年に興味深い研究結果を発表しました。

それによると、家庭での「読書や読み聞かせ」が子どもの学力に大きな影響を与えていると言います。理由としては、「家庭における読書活動を通して、子どもは、文脈の中の言語の価値を理解したり、読む習慣を身につけたり、新しいことを学んだり新しい情報を収集する力を習得している」との推測がたつそうです。

さらに2018年には、ベネッセ教育総合研究所も別の研究結果を発表しています。こちらの発表では、「読書は学力が低い子どもたちにプラス効果が大きい」との分析結果が公表されています。読書は学力上位者だけでなく、全ての子どもに良い影響を与えることが研究でもわかってきたのです。

子どもが大きくなって読み聞かせをする時間が短くなっても、読書の場を意識的に用意して、読書の時間をつくるようにしましょう。

早い子どもは、3歳くらいのときから自分で本を読み始めます。子どもが静かなのに気づき、何をしているのかなと姿を探すと、ひとりでじっと本を読んでいたりする場面に出合うことがあります。そのときは、ひとつのチャンスを見つけたと思って、ぜひほめてください。

「ひとりで本を読んでるの！　すごいね！」

親のこうした反応のひとつひとつが、子どもたちの読書の習慣に結びついていきます。ただし、一度ほめたところで、すぐに読書の習慣がつくというわけではありません。ほめたり、読み聞かせをしたり、何年にもわたって小さなサポートを積み重ねていく必要があります。

子どもの読書をほめると、子どもはそれが「いいこと」であると認識し、それをまた繰り返します。そうしたらまた、「すごいね」とほめてあげましょう。

これを続けていくと、子どもたちは親にほめてもらいたくて、わざわざ親の目の前で本を読むようになります。両親が家事をしている目の前のテーブルで子どもたちが本を読んでくれる。こうした光景が当たり前になれば、親は安心できます。

読書だけでなく、勉強しているのをほめると、子どもは親の前で勉強をするようになるので、子どもがいいことをしていたら、どんどんほめましょう。

変化はちょっとずつしか起きませんが、子どもの反応を見ながら働きかけ、ゆっくりと望まれる形にしていくのです。

子どもが本を読み終えたときには、「どんなお話だったの？」「心に残ったのはどこ？」と聞くなどして、感想交流をしてみます。

子どもの気持ちに寄り添って、彼らが読書を楽しめるような環境をつくってあげるのが理想です。

7
保護者から
よく受ける質問と疑問

時間がない保護者はどうすればいいのか

「本を読ませたい気持ちは重々あるんですけど、どうしても時間がつくれないんです」

共働きの保護者から相談される内容で非常に多いのが、「時間がない」というものです。私自身も共働き家庭の一員なので、この気持ちは痛いほどわかります。

仕事から帰ってきたあとは、休む暇もなく、夕飯の準備をしたり、洗濯物をたたんだりと、やらなくてはいけない仕事が山積みです。夕食が済んでからも、後片づけや食器洗い、子どもたちの入浴など、慌ただしい時間が続きます。気がつくと、すでに時間が9時近くになっていて、読み聞かせをする余裕などありません。

「先生、どうすればいいんでしょうか？」

困り果てた様子で、こう聞かれるのです。

実は、こうした悩みを抱えているのは、共働き家庭だけはありません。専業主婦家庭でも、子どもに「読み聞かせ」をする時間を取るのが難しいという現実があります。ある専業主婦のお母さんの話を聞いて、本当にそうだなと思いました。

彼女によると、子どもが学校に行っているときに時間をつくるのならまだしも、子どもが学校から帰ってきたとたん、慌ただしい時間が始まり、あっという間に夜になってしまうとのことでした。

兄弟や姉妹がいれば、その慌ただしさは倍増します。宿題をさせたり、洋服が汚れていたら脱がせて洗濯をしたり、さらに夕方からは共働き家庭と同じく、夕食の支度、片づけなどが待っているのです。こうなると、やはり読み聞かせをする余裕はなくなります。それでも当然、子どもに読書をしてほしいという気持ちは残ります。

そういう場合は、第1章でも紹介しましたが、寝かしつけと読み聞かせを同時に行ったり、休日に時間をつくって読み聞かせをしたりするなど、まずはできるところから取り組んでみましょう。他にも、夕食の支度をしているときなどに、子どもにダイニングやリビングに来てもらい、音読をしてもらう方法もあります。

音読については、すでに第2章でも述べているとおり、メリットもたくさんあるのでおすすめです。

子どもが読んでくれたら、ほめたり、しっかりと感想を言ったりしながら、状況を変えていってみましょう。

台所で夕食の準備をしながら、スマホやユーチューブに夢中になっている子どもを数年先にため息まじりに眺めるよりも、好きな本に集中して読んでいる子どもの姿を見られたほうが、親としては安心するのではないでしょうか。

時間をつくるのは本当に大変ですが、子どもがまだ小さいうちに、読書の習慣をつけてあげたいものです。

「読書」と「学力」の関係

「読書をすると、子どもの学力は上がりますか?」

この質問の答えは、多くの保護者が知りたいはずです。

答えの前に、まずは学力とは何かについて説明しておきましょう。

文部科学省では学校教育法を基に、「基礎的な知識・技能」「思考力・判断力・表現力等の能力」「主体的に学習に取り組む態度」を学力の3要素としてまとめています。

では、読書によってこれらの要素を含んだ学力は向上するのでしょうか。いくつかの研究調査から見て、「上がる」と言っていいでしょう。ここでは2つの研究調査の結果をご紹介しておきます。

まずひとつ目。静岡大学による2009年度の「読書活動と学力・学習状況の関係に関する調査研究」では、「読書好きな児童生徒ほど教科の学力が高い。科目、学力層、領域、設問形式によらずこの傾向が確認できるという意味で、これは非常に強固な傾向であるといえる」と報告されています。

次にお茶の水女子大学による2017年度の「学力調査を活用した専門的な課題分析に関する調査研究」では、「子供が決まった時刻に起きるよう（起こすよう）にしている」「子供を決まった時刻に寝かせるようにしている」「毎日子供に朝食を食べさせている」などのほかに、保護者が「子供に本や新聞を読むようにすすめている」「子供が小さいころ、絵本の読み聞かせをした」「子供と一緒に図書館に行く」家庭の子どもの学力が高い傾向にあると結論づけているのです。

読書と学力の関係は、学術的な研究の結果から見ても裏づけられていると言っていいでしょう。

読書はやはり、子どもの「基礎的な知識・技能」「思考力・判断力・表現力等の能力」「主体的に学習に取り組む態度」を高めるのです。

このことは、子どもたちの学校生活を日々見守りながら、私自身も肌で直接感じています。

読書は誰でも簡単に実践できる学習法なのです。ぜひこの方法を取り入れてみてください。

うちの子は本を読みません

「うちの子は本を読みません」

こんな話もよく聞きます。

あるお母さんに事情を聞くと、「低学年のころは読み聞かせをしていたのですが、仕事が忙しくてなかなか時間がつくれないのです。子どもが中学年になってからは、スポーツクラブに入ったこともあって、子どものほうも忙しくなってしまいました」とのことでした。それでもやはり、「子どもには読書をしてもらいたい」と考え、このお母さんは私に相談してきたのです。

基本はやはり、子どもの生活が忙しくなる前から読み聞かせをし、なるべく早い段階で子ども自身に読書の習慣をつけてもらうことです。できれば、小学校入学前から読み聞かせを始めましょう。

相談してきてくれたお母さんの話によると、「低学年のころは読み聞かせをしていた」とのことでした。しかし、短期間のみの読み聞かせでは、なかなか習慣にまではなりません。

では、読書の習慣を身につけられないまま、子どもが高学年になってしまったら、もう手遅れなのでしょうか？　そうではないので、心配しなくても大丈夫です。

高学年ともなれば、複雑な話でも読みこなせる力をもっています。したがって、映画やドラマ、アニメになっている物語の原作を子どもにすすめてみてください。

例を挙げるとすれば、アニメ映画『魔女の宅急便』、ドラマ『精霊の守《も》り人《びと》』、テレビアニメ『獣の奏者エリン』などがあります。もしくは、『ハリー・ポッター』シリーズ、『ロード・オブ・ザ・リング（指輪物語）』『ナルニア国物語』といった外国作品ですでに映画化されているものをすすめてみてもいいでしょう。

映画やアニメとして映像化されている作品は、読書の習慣が身についていない子どもであっても抵抗感があまりないはずです。それらの作品を足がかりにして、本と出合う機会を増やし、親しませてください。

先に映画やアニメを見せて作品に対する愛着を抱かせ、それから原作を読んでもらうという方法を取り入れてもいいでしょう。子どもたちは、映像化されたものと原作とを比べ、省略されているところ、加えられているところ、結末の描き方などの違いに気がつき、面白味を感じてくれるはずです。

普段から本を読んでいない子どもは、文字を読むだけでは物語のイメージを膨らませるのは苦手かもしれません。この弱点を補うためにも、先に映像から入るのは効果的です。ある程度のイメージをもってもらい、そのあとに文字で物語を読んで、作品の世界に浸れるようにしてあげるのです。

本をよく読んでいる子どもは、文字を追っていくだけで、「登場人物が頭のなかで動き出す」と言います。文字を読めば、それらが伝えようとしているイメージを頭のなかで〝映像化〟できるのです。これができるようになると、自分だけのイメージを膨らませられるので、読書は自《おの》ずと楽しいものになっていきます。

高学年になってからでも、子どもに読書の習慣をつけてもらうのは不可能ではありません。ちょっとした発想の転換で、子どもを読書に導いてあげましょう。

親切すぎてもダメ

「本選びから親がしてあげたほうがいいですか?」

中学年以上の子どもをもつ保護者から、こうした相談もよく受けます。

これに対する私の答えは、「親がすべてをする必要はありません」というものです。子どもが中学年になったら、ある程度は子どもの意思を尊重してあげましょう。親がすべてを決め、それを子どもにやらせるだけでは、いつまで経っても子どもは自発的に動けるようにはなりません。親切すぎてもダメなのです。

子ども任せは避けつつも、その一方で子どもにもちゃんと考えさせる。さじ加減が実に難しいのですが、バランスを取りながら子どもと接するようにしてください。これは子育て全般についても言えます。

言葉で説明してもなかなか伝わらなければ、親がやってしまったほうが楽な場合もあるでしょう。ただし、これを繰り返していると、子どもは何もやらなくなってしまいます。子どもが自発的に動けるように仕向けていくことが大切です。すべてのお膳立てをし、子どもが考える機会を奪ってしまうのは避けてください。

読書だけに限らず、子どもが困らないように親がすべてを準備し、子どもは親の言うことを聞くだけという状況になっていませんか。この状況が中学年になっても続くと、子どもは自分で考える習慣が少ないために何か質問しても「わからない」と言うようになってしまうかもしれません。この段階になって、親は「しまった！」と思うのです。

学校の授業でも同じような間違いは起こり得ます。子どもが困らないように、教師が手とり足とり、細かいところまで手助けしてしまうと、子どもはそれが当たり前だと思うようになるのです。そうならないように、教師たちは、ときに子どもがあえて困るような状況をつくるなどし、子どもが自分で考え、動き出せるようにしています。

子どもが好みそうな本を与え、「読みなさい」というのは簡単です。ただし、それに黙って従っていた子どもたちも、高学年になるにつれて、親からの指示に従わないようになります。

こうなったとき、自分で本を選ぶ習慣がついていない子どもは何を読んでいいのかわからなくなり、読書から遠ざかってしまう可能性もあります。

子どもがある程度、本を読むことに慣れてきたら、子どもの気持ちを尊重し、「好きな本」を「好きなとき」に読めるような機会を与えてください。こうすることで子どもたちは、読書を「親から命じられるもの」から「自分のもの」にしていくのです。

読書を始めるのに遅すぎることはない

「3年生になって読める漢字も増えてきたのに本を読んでくれません。今から読み聞かせを始めるのは遅いですか？」

中学年になっても子どもに読書の習慣が身につかず、手遅れになってしまったのではないかと心配する保護者もいます。

読書の習慣が身につかないまま、子どもが中学年になってしまったとしても、焦る必要はありません。当然、個人差もあります。タイミングを逃してしまったとしても、これから始めればいいのです。スタートするのに遅すぎることはありません。

本来なら、中学年までに読書の習慣を身につけて、ジャンルを広げていく段階に入っていてほしいところですが、習慣づけができていなければ、本を一緒に選んで子どもと読んだり、親が読み聞かせを始めたりして、段階をひとつ下げながら習慣づけに取り組んでみてください。

子どもが高学年になってからでも、まだまだ遅くはありません。

高学年ともなると、かなりの知識が身についています。いくら読書の習慣がないからといっても、低学年向けの本を読むのでは退屈だと思います。この場合は、子どもが興味のあるジャンルの本を一緒に選んであげるといいでしょう。

変化は急にやってきません。読み聞かせを始めたからといって、すぐに子どもに読書の習慣がつくわけではないのです。状況が好転していくのには時間がかかります。一歩一歩進みながら、成果を感じ取ってください。

甘い言葉で読書をさせる是非

「『本を読んだら、何かご褒美をあげるよ……』。こうした甘い言葉を使って、子どもに読書をさせてもいいでしょうか？」

結論から言うと、よくない方法です。おすすめしません。

心理学に「内発的動機づけ」「外発的動機づけ」という言葉があります。

内発的動機づけは、その活動がしたいからするといった、自分の内側からの要因（動因）によって生じるものです。金銭や物品、賞賛を得られるという外側からの動機づけとは異なり、好奇心や探究心が元になっています。趣味の活動などは、内発的動機づけによる行動の典型的な例です。

一方、外発的動機づけは、活動それ自体を楽しむのではなく、何かのために活動するといった、外側からの要因（誘因）によって生じています。

つまり、ご褒美を条件に読書をさせるというのは、外発的動機づけを利用しようというものです。

内発的動機づけによる活動は、外発的動機づけによる活動よりも、楽しく、質が高く、持続すると言われています。内発的動機づけは自己承認欲求と関わるものだと考えられるので、真の満足感を得られることも大きなメリットです。

しかし、デメリットもあります。それは、内発的動機づけは意図的にもつことが難しいという点です。

一方、外発的動機づけは、明確な報酬が目の前にあるため、それを欲する人に対しては抜群の効果を発揮します。

ところが外発的動機づけには、目標に対して手段を選ばなくなりやすい、目標を達成したときに満足してしまい、それ以上の努力をやめてしまう場合が多いというデメリットがあります。

たとえば、お金のために本を読んでいたら、読み終わって報酬を受け取った瞬間、次の本は読まなくなるでしょう。試験のためだけに得た知識は、試験が終われば忘れてしまうのと同じです。

心理学の実験では、内発的な動機づけによって子どもに絵をかいてもらったり、大学の新聞部に見出しを考えてもらったほうが、よりよい活動になることがわかっています。

「読んだらご褒美をあげる」という設定では、「ご褒美」が目的で、「読むこと」はただの手段に置き換わってしまいます。これでは、目的を達成した瞬間に、手段のほうはどうでもよくなってしまうでしょう。

ご褒美をあげるのであれば、誕生日やクリスマスなどの特別な日だけに限定するなど、うまく使い分けをしてください。外発的動機づけではなく内発的動機づけに頼ったほうが、長期的な視点で見た場合、メリットが多いのです。

日々のちょっとした言葉がけや気遣いを大切に

引き続き、「親にできること」を紹介していきます。

「今、何の本、読んでるの？」

感想の交流を目的としたこうした言葉がけも、子どもの読書を促すので、意識してするようにしましょう。

具体的な感想を言うのを面倒臭がる子どもでも、何の本を読んでいるのかを答えるくらいなら簡単なはずです。読んでいる本が面白かったり、これまで読んだこともないような難しい本だったりすれば、「今読んでいる本はね……」と、得意げになって教えてくれると思います。また、自分の読んでいる本の内容をほかの人に伝えるいい機会にもなります。

中学年になった子どもが、それまでとは異なるジャンルの本を読み始めたら、「これまでとは全然違う本を読むようになったんだね」と声に出してほめましょう。親からほめられれば、子どもはそれがいいことなのだと認識します。

もしくは、一緒に電車に乗っているときに、同世代の子どもが我が子の読んでいるジャンルと違う本を読んでいたり、親が読んでほしいと思っている本を読んでいたりしたら、「あの子、面白そうな本を読んでるよ」と言ってみます。親のそうした言葉を聞くと、子どもは刺激を受けて、そうした本に興味を示し始めるでしょう。ちょっとしたさりげない言葉が、子どもの意識を変えていくのです。

さらに大きくなって高学年になると、親が聞いたこともない本を読むようになっていくと思います。そんなときは、「初めて見た本だ。それってどんな本なの？」と質問し、子どもによる本の紹介に耳を傾けましょう。

日々のちょっとした言葉がけや気遣いの積み重ねが、子どもに読書の習慣を身につけさせていくのです。つねにこのことを忘れずにいましょう。

マンガは読まないほうがいいのか？

「うちの子はマンガばかり読んでいるのですが、大丈夫でしょうか？」

「マンガも読書に含まれるのですか？」

こう話す親の表情は、いつも不満げです。

これらの質問に対し、私は「読書の入口は、マンガでもまったく問題ありません」と答えています。

マンガのなかでも、学習マンガや歴史マンガは親も安心すると思います。読書の習慣をつけてもらうのであれば、入口を広くしておくことは間違いではありません。マンガと本の境界線は昔に比べてかなりあいまいになっているので、マンガと本を厳密に区別せずに両方を楽しんでいる子どもは増えているのです。

マンガの場合は、コマによって場面や状況、情景を詳細に描いていくので、読者による想像の余地がほとんどないときもあります。そのケースでは描写されたすべての情報がインプットされるので、想像をあまり必要としないのです。

一方、文字だけの本の場合は「そのセリフに隠された本当の思いは？」と、文章に込められた意味を想像する余地がより多くありますし、結末に余韻が残されている場合も多く、想像力が大きくかきたてられます。

したがって、子どもの発達段階に応じて読む本を変化させていくといいと思います。

高学年には高学年に適した本に触れさせ、マンガだけにならないように親は子どもへの働きかけを行ってみましょう。

中学年から高学年にかけての読書に適した本には、テーマ性がはっきりしているという共通点があります。たとえば、斉藤洋《さいとうひろし》さんの『ルドルフとイッパイアッテナ』や宗田理《そうだおさむ》さん『ぼくらの七日間戦争』、太宰治《だざいおさむ》の『走れメロス』なら友情がテーマとなっています。こうした読みものに触れさせて、自分たちの価値観を形成させていくことも必要です。

マンガにも本にもそれぞれにメリットがあります。どちらかを否定するのではなく、マンガも本もバランスよく読んでいくといいと思います。

子どものことが見えなくなってしまう親

「最近、子どもが何を考えているのかわからなくなってきて、本当に困っています」

これは、高学年の子どもの親が抱える共通の悩みなのではないでしょうか？　高学年になってくると、子どもは以前のように自分のことを親に話さなくなってきます。

親の手から子どもが離れていくと、親は彼らのことが急に見えなくなったような感覚に陥ります。成長している証《あかし》とはいえ、親としては心配でたまりません。子どもが、どんなことに関心をもっているのかもわからなくなり、不安は積もる一方です。

この時期の保護者とのやり取りでは、次のような会話がよく交わされます。まずは担任がこう伝えます。

「○○さんは、今こういうものに興味があるようです」

「学校では、○○君とよく遊んでいます」

すると保護者からは、「えっ、そうだったんですか⁉」という反応が返ってくるのです。

こうした状況ですから、子どもがどんな本を読んでいるかを把握するのは難しく、それがまた親にとって心配の種のひとつになるのです。

ところが、私が以前に担任をしたソウタの家庭は、インターネットを上手に利用することで、そのような心配の解消に見事に成功していました。

ソウタの父親は読書が好きで、自分が読んだ本を記録するために読書メーターを活用しており、それを見ていたソウタは、いつか自分も使ってみたいと思っていたそうです。ソウタも読書が好きな子どもで、幅広いジャンルの本を読んでいました。すると次第にソウタはインターネットに興味をもつようになり、読書メーターを使わせてほしいと父親に頼みます。読書メーターの利便性を知っていた父親は、ソウタの頼みを聞き入れ、その目的をしっかりと伝えた上で使い方を教え、改めてソウタに読書メーターを正しく使えるか確認しました。ソウタは父親の意図を理解し、正しく使う約束をしたそうです。

子どもに自覚をもたせた上でインターネットの使用を許したことも、しつけとしては価値があると言っていいでしょう。

自分のアカウントをつくったソウタは、1冊読み終えると短い感想を書いて、読書メーターに掲載していきました。この作業が気に入ったソウタは、それまで以上に読書に時間を割くようになります。

ソウタがさらに本を読むようになったのを喜んでいた両親ですが、さらに良かったのは、ソウタの読書メーターを見れば、彼がどんな本を読んでいて、どんな感想を書いているのかわかるようになったことでした。親離れが少しずつ始まり、普段の生活の様子をあまり話さなくなったソウタですが、両親は彼の心の動きについて読書メーターを通じて垣間見られるようになったのです。

小学生にインターネットを使わせるときには細心の注意が必要です。その一方で、ソウタの父親のように使い方だけでなく、その目的をしっかりと説明し、ルールを決めて安全な方法で使わせるのであれば、メリットは大きいと思います。

時代による読書の傾向

本に対する子どもたちの好みは、つねに変わっていきます。

以前はどちらかというと、読みごたえのある本に人気が集まっていました。しかし最近では、平易であっさり読める本が人気のようです。最近の子どもたちが読んでいる本を見ても、短い時間で読みきれてしまうものが好まれている気がします。

巻末のリストにも掲載しているように、本来なら低学年のうちにルース・スタイルス・ガネット『エルマーのぼうけん』や、神沢利子（作）、井上洋介（絵）の『くまの子ウーフ』を読んでもらいたいのですが、少し長すぎるせいか、これらの本にはなかなか手が伸びなくなっているのです。それよりも、文字量の少ない学習マンガなどを選ぶ傾向が強くなっています。

原因について確かなことは言えないのですが、文科省委託の調査結果によると、子どもたちが読書に費やす時間が短くなってきているという報告があり、限られた時間のなかでも読みきれる本が子どもたちに受け入れられているのかもしれません。

低学年の子どもたちの間では、昆虫や動物の対決をシミュレーションする本が非常に人気です。昆虫や動物に関しての情報が満載なので、それらに関して詳しくなれるのは確かなようです。生き物同士が戦う架空のシチュエーションも面白く、さらには絵のインパクトにも惹《ひ》かれて、子どもたちは熱心に読んでいます。

刺激が強く、わかりやすいというのが、今の子どもたちに受け入れられるキーワードなのではないでしょうか。

問題なのは、成長のスピードに本の内容のレベルアップが伴っていないことです。学年が上がれば、もっと複雑なストーリーの本を読んでいいはずなのに、平易な内容の本を読んでいる子どもたちが実に多いのです。

子どもたちが、どういう本を読んでいるのか非常に気になるので、実際に子どもたちに質問したり、読んでいる本を見せてもらったりします。すると、「あれ、これ低学年のときに読まなかった?」という本を読んでいたりするのです。

司書の先生方と交流する機会がありますが、同じような問題意識を以前からもっていたようです。平易なもの、読みやすいもの、絵が多いもの、文章の少ないものからなかなか抜け出せません。

とくに、文字だけの本を避けようとする傾向は非常に顕著です。挿絵がないからこそ、場面を想像できる楽しさがあるのですが、文字だけだと想像できない、よく理解できないとの考えにとらわれ、これらの本を敬遠しているのでしょう。

子どもの成長過程において、想像力の醸成は非常に大切です。しかしこのままでは、子どもたちの想像力が低下していく恐れもあります。

学齢に合った本を読んでほしいと考えている私としては、こうした傾向に日々、危機感を抱いているところですが、世のなかの大きな流れを前にしてすぐに打つ手があるわけでもなく、歯がゆい思いを抱えています。

子どももひとりの読者であることを忘れない

「子どもがもっと読書をしてくれるように、親ができることはありますか？」

もちろん、あります。いくつかご紹介していきましょう。

たとえば、それまで絵本ばかり読んでいた低学年の子どもが物語を読むようになったり、物語ばかり読んでいた高学年の子どもが小説に挑戦し始めたりしたら、その変化を見逃さず、思いっきりほめてください。

もしくは、それまでよりも分厚い本を読み始め、最後まで読み終えられたら、「もう読み終わったの。すごいね」「成長したね」と語り掛け、途中であきらめずに読み切れたことをほめましょう。ほめられることで、子どもはさらに自信をもち、内発的動機づけも高まります。

こうすると、子どもたちはこちらが尋ねなくても、その本の内容や感想を親に教えてくれるようになります。

その場合は、本の内容をしっかりと理解した上で、親は「主人公がされたようなことを友だちにされたら、あなたならどうする？」と聞き返すなどして、子どもが本のなかで起きた出来事をどのように捉えているのか感想を交流していきましょう。

子どもから感想を聞くときは、ただ聞いているだけでなく、「わかりにくいところはあった？」「誰に一番共感した？」という質問をし、より深く本の世界を子どもと共有するといいと思います。

小学校で高学年の担任をしていると、読書好きな子どもたちは、大人が読むような分厚い本を読み始めます。最初のころは、本人たちも読破できるかわからず、時間もかなりかかってしまうようです。そんなときは、「そういえば、この前、読んでいた本だけど、その後の展開はどうなった？」などと聞き、最後まで読み切れるように背中をそっと押してあげたりします。

こうした聞き方をすることで、子どもが浸っている本の世界を壊さず、子どもの読書がどこまで進んだのかを確認することができます。こうした隠れたサポートを大人はつねに行うようにするのです。

高学年になると、子どもの好みはかなり固まってきます。その段階に来たら、本人たちの好みを尊重しましょう。子どももひとりの読者であるという観点を忘れないことが大切です。

多くの方が実感しているように、本は大人になってからもさまざまな恩恵を与えてくれます。そして何よりも、読書は楽しいものなのです。

子どもたちがいつまでも本に親しめるように、本の魅力をぜひ親子で一緒に分かち合ってみてください。

おわりに　人との出会い、本との出会い

本書を記しながら、私はこれまで自分が読んできた本に何度も思いをはせてきました。

幼いころ、母は私に1冊の本を買ってくれました。オスカー・ワイルドの『しあわせなおうじ』です。

町を見下ろす丸い柱の上に、金色の王子の像が建っていて、目には青いサファイヤ、腰にさげた剣の柄《つか》には赤いルビーがはめこまれ、体は金でおおわれていました。そこに仲間とはぐれた1羽のつばめが王子の足元に舞い降りてきて、王子の涙に気がつきます。

幼いながらも、個人の愛情を超え、大きな愛情のこもったこの物語の魅力に触れて心を動かされた私は、何度も何度もこの1冊を読み返しました。

ウィーダの『フランダースの犬』も私の心に残る1冊です。

フランダース地方のアントワープに近い小さな村に住む少年ネロは、ピーテル・パ

ウル・ルーベンスの絵に憧れ、老犬パトラシエ（パトラッシュ）を友として一心に絵を描きつづけます。

小学校の低学年のころでした。この物語と出合った私は、読み進めていくうちに自然と目から涙があふれ出ているのに、はっと気づき、「これが感動なのか」と初めて身をもって知りました。あのときのことは今でも鮮明に覚えています。

その後、高学年になって文庫版であらためて読んだときにも、色あせることのない感動が心の奥から湧きたってきたのも忘れられない思い出です。

度重なる苦難がどんなにつらくとも、少年ネロは努力をし続けます。少年時代の私は、そのひたむきな姿から多くを教わった気がします。19世紀の作品ではありますが、時代を超えて、私だけでなく、多くの日本人に愛される理由はそこにあるのかもしれません。

小学校高学年になったとき、国語の教科書に星新一の『おみやげ』が掲載されていました。そこで私はショートショートの虜《とりこ》になります。それ以降、星新一の作品を読み漁《あさ》りました。

ショートショートと呼ばれるコンパクトな短編作品のなかに張り巡らせた伏線を、結末部分で見事に回収する星さんのオチのつけ方は秀逸です。作品の構成に、作者の緻密な計算がここまで行き届いているのかと驚いたものです。

高校生から大学生にかけては、太宰治、芥川龍之介、三島由紀夫、ドストエフスキー、シェイクスピアなど、作者を中心軸として、スキマ時間を見つけては読んでいました。そのなかでも、太宰治の『斜陽』は印象に残る作品でした。

主人公であるかず子が孤独のなかで、幸福とは何なのかについて考えを巡らす場面があります。そこには、明るくふるまうかず子の本当の悲しみが描き出されています。また、既存の価値観と新しい価値観の狭間で揺れ動く葛藤も描かれ、結末にはひと握りの希望や強ささえ感じる作品です。

そして今も、ひとりの読者として、本の魅力に触れ続けています。職業柄でしょうか、物語を読むと「これ、次の国語の授業で使えないものか」と、ついつい教材として読んでしまう癖が抜けないのが難点ですが……。

このところ、ひとりのファンとして手に取って多く読んでいるのが、東野圭吾さんの作品です。大学生のころに『秘密』という小説と出合ったことがきっかけでした。

東野さんの作品は、映画化やドラマ化されているものが多く、展開の面白さには定評があります。そして何より、私は人物の心情描写が秀逸だと思っています。

私が大好きな彼の作品のひとつに『新参者』があります。主人公、加賀恭一郎のシリーズ作品ですが、人間模様に主軸が置かれていて、下町の人情に触れるような作品です。

初めてこの作品を読んだとき、電車のなかで自然と目から涙がこぼれ落ちているのに気づき、あらためて「感動すること」の素晴らしさを実感したのを覚えています。小説のなかに出てくる登場人物のひとりひとりの行動の裏に秘められた思いを知ったとき、涙せずにはいられなかった作品でした。


本との出合いは、人との出会いに似ています。

人は誰かと出会い、一緒に過ごすことで、多くを学んでいきます。その過程では、うれしくなったり、悲しくなったりすることもあるでしょう。さまざまな感情を経験するなかで、人は成長していくのです。

本との出合いもこれに似ていると私は思います。いい本と出合うと、人はさまざまな感情に揺さぶられ、内面に大きな変化を起こします。その変化は目に見えないけれど、とても大切なことだと思います。いい本との出合いも、人の成長には欠かせないものなのです。

子どもたちが1冊でも多くのいい本と出合えるようになってほしい。これが本書に込めた私の願いです。

本の魅力にいつまでも包まれながら、豊かな人生を築いていってほしいと思います。

終わりになりましたが、この本の発刊に価値を見いだしてくださり、粘り強く声をかけ続けてくださった小学館の徳田貞幸氏、編集に協力してくださった野口孝行氏には心から、心から感謝申し上げます。

2020年10月　筑波大学附属小学校　白坂　洋一

小学生なら読んでおきたい理想の本棚246冊

小学生に読んでもらいたい本はたくさんありますが、そのなかでも特におすすめしたい本を、ここでは紹介しています。

前半の「学年別おすすめブックリスト101冊」では、低学年、中学年、高学年にわけて、本の内容も盛り込み、リスト化しました。順番は気にせず、子どもが興味をもったものから手にとってみてください。

後半の「多様な感性を身につけるためのブックリスト145冊」は、本から感じとってほしい大切なことはなにか、と考えながら選書しました。

このリストを参考にして、自分だけのワクワクする本棚を子どもがつくってくれたら、それはとてもうれしいことです。

学年別おすすめブックリスト101冊

●このブックリストの考え方
低学年…1・2年生　読み聞かせに適していて、親子で一緒に本を楽しむことができる物語を中心に選びました。

中学年…3・4年生　ジャンルの幅を広げ、親子・ひとりでも楽しめて、余韻が残り、考えるきっかけになる本を選びました。

高学年…5・6年生　基本はひとりで読む、社会・世界へ視野を広げ、今後の生き方に関わる、自問自答を促すものを選びました。

低学年（1・2年生向き）：35冊

1　てぶくろ　ウクライナ民話〈世界傑作絵本シリーズ〉
うちだりさこ（訳）、エウゲーニー・M・ラチョフ（絵）、福音館書店

ねずみ、かえる、うさぎ……と個性あふれる動物たちの表情が素晴らしい作品です。小さなものから大きなものへ、次は何かなと期待感をもちながら読み進めることができます。

2　かいじゅうたちのいるところ
モーリス・センダック（作）、じんぐうてるお（訳）、冨山房

怪獣、冒険と子どもたちの大好きな要素が含まれた1冊です。いたずらっ子のマックスは、ひょんなことから怪獣たちのいるところへ。20世紀最高の絵本と言われる作品です。

3

おこだでませんように

くすのきしげのり（作）、石井聖岳（絵）、小学館

七夕の短冊に込められた、たった10文字のこの言葉は、いつもおこられてばかりいる男の子の心からの願いです。「ぼく」の気持ちの揺れ動きが見事に描かれ、大人の心も揺さぶります。

4

クレヨンからのおねがい！

ドリュー・デイウォルト（文）、オリヴァー・ジェファーズ（絵）、木坂涼（訳）、ほるぷ出版

ケビンが絵を描こうとすると、クレヨンの箱の上に手紙の束が置いてあります……。クレヨンからの手紙です。「やあケビン！」で始まるユーモアたっぷりの手紙は、読み聞かせにぴったりです。

5

14ひきのおつきみ 〈14ひきのシリーズ〉

いわむらかずお（作）、童心社

14匹がみんなで力を合わせ、お月見の準備をしています。木の上から描写した構成はまるで迷路を見ているかのようです。自然とともに過ごすことのよさが伝わってくる作品です。

6

三びきのやぎのがらがらどん ノルウェーの昔話〈世界傑作絵本シリーズ〉

マーシャ・ブラウン（絵）、瀬田貞二（訳）、福音館書店

3匹のやぎのがらがらどんが山へ草を食べにいくには、怪物トロルの住んでいる谷川を通らなければなりません。やぎたちとトロルとのやり取りが子どもたちを喜ばせます。

7

メガネをかけたら

くすのきしげのり（作）、たるいしまこ（絵）、小学館

子どもにとってみると、メガネをかけることは、一大事です。「みんなが笑うんじゃないかしら」と気にしながら、メガネをかけて学校にいってみると……。読み終えたあと、温かい気持ちになる作品です。

8

3びきのくま〈世界傑作絵本シリーズ〉

トルストイ(文)、バスネツォフ(絵)、小笠原豊樹(訳)、福音館書店

女の子が森で迷って、小さな家を見つけます。それがくまの家。3匹のくま、道具と数字の「3」と、くり返しが巧みに使われています。トルストイの芸術性豊かな文章が魅力的です。

9

すてきな三にんぐみ

トミー・アンゲラー(作)、今江祥智(訳)、偕成社

全身を覆う黒マントに、黒い帽子の3人組。みなしごの少女ティファニーちゃんの一言で物語は急展開します。読み終えたとき、題名の「すてきな」に込められた意味に気づきます。

10

めっきらもっきらどおんどん〈こどものとも絵本〉

長谷川摂子(作)、ふりやなな(絵)、福音館書店

かんたは、お宮にある木の根っこの穴から知らない世界にたどり着きます。こちらにやってくる3人組は……。テンポのよい文章と展開、躍動感あふれる絵の構成に夢中になること間違いなしです。

11

スタンリーとちいさな火星人

サイモン・ジェームズ(作)、千葉茂樹(訳)、あすなろ書房

かあさんが泊まりがけで仕事に出かけた日、スタンリーは火星へ飛びたちます。入れ替わりに、小さな火星人がやってきて……。発想が面白く、ユニークでありながら、優しさに包まれた作品です。

12

ワニのライルがやってきた〈ワニのライルのおはなし1〉

バーナード・ウェーバー(作)、小杉佐恵子(訳)、大日本図書

プリムさん一家が東88番通りの家に引っ越すと、そこにはワニのライルがいた。気立てもよく、芸をする人気者のライルとプリムさん一家の心の交流が描かれています。

13

アナベルとふしぎなけいと

マック・バーネット（文）、ジョン・クラッセン（絵）、なかがわちひろ（訳）、あすなろ書房

アナベルの拾った毛糸は、編んでも編んでもなくならない不思議な毛糸。その毛糸によって、街が彩られていく様子がすてきです。題名にもあるように、最後まで「不思議」がいっぱいの物語です。

14

ちいさいおうち〔改版〕〈岩波の子どもの本〉

バージニア・リー・バートン（文・絵）、石井桃子（訳）、岩波書店

静かな田舎の丘の上に1軒のちいさいおうちがありました。静かな田園から大都市へと変化する様子を、ちいさいおうちの心情と重ね合わせながら色彩豊かに描かれた作品です。

15

5ひきのすてきなねずみ　ひっこしだいさくせん

たしろちさと（作）、ほるぷ出版

となりの家に猫がやって来て、落ち着いて暮らせなくなったねずみたちが、アイデアと工夫がいっぱいの家づくりに取りかかります。ねずみたちの豊かな発想に、自分も一緒に住むなら……と想像が膨らむ作品です。

16

ぼくがラーメンたべてるとき〈思わず胸がジーンとなる感動えほん第1弾〉

長谷川義史（作・絵）、教育画劇

ぼくがラーメンたべてるとき……とおくとおくはなれたくにで、いまなにがおこっているのだろう？　日常の一瞬から場面は遠い国の子どもたちへ移ります。世界の現実を目のあたりにし、考えさせられる1冊。

17

わたしのいちばん　あのこの1ばん〈ポプラせかいの絵本〉

アリソン・ウォルチ（作）、パトリス・バートン（絵）、薫くみこ（訳）、ポプラ社

「わたしは1ばんにはなれないけど、それってすごくないってことなのかな」。わたしの心の動きがよくわかり、1番はひとりひとり違ってもいいのだと、あらためて考えさせられる1冊です。

18
ひみつのきもちぎんこう
ふじもとみさと（作）、田中六大（絵）、金の星社

ゆうたは、手紙にかかれていた地図をたよりに、ある場所をたずねます。そこは気持ちを預かる「ひみつのきもちぎんこう」。読み終えたあと、前向きな気持ちになる作品です。親子での会話も弾む、楽しいお話。

19
12にんのいちにち
杉田比呂美（作）、あすなろ書房

1日の過ごし方は、人それぞれです。12人の24時間を2時間ごとにたどりつつ、町を1周していきます。ささいな出来事から大きな事件まで楽しい絵さがし絵本となっています。

20
ばあばは、だいじょうぶ〈絵本・ちいさななかまたち〉
楠 章子（作）、いしいつとむ（絵）、童心社

つばさは、ばあばのことが大好きです。でも、ばあばは「わすれてしまう病気」になってしまい……。認知症、介護について子どもの視点で描いています。変わることのない家族のつながりを感じ取ることができます。

21
なにがあっても ずっといっしょ
くさのたき（作）、つじむらあゆこ（絵）、金の星社

犬のサスケの視点で描かれた物語です。ある日、サチコさんが帰ってこない……。飼い主を大好きな気持ちが伝わってきます。生きものと支え合って生きていくことの素晴らしさを感じ取ることができる1冊。

22
パンケーキをたべるサイなんていない？
アンナ・ケンプ（文）、サラ・オギルヴィー（絵）、角野栄子（訳）、BL出版

デイジーのパパとママはいつも忙しい。突然、デイジーの家に大きなむらさき色のサイがやってきます。家族とのふれあいの大切さを描いた愉快で心温まる1冊です。

23

よしおくんがぎゅうにゅうをこぼしてしまったおはなし

及川賢治・竹内繭子（作・絵）、岩崎書店

チョコレートパンを食べて牛乳を飲んでいたよしおくんは、牛乳瓶を倒してしまいます。空の青、草木の緑、牛乳の白と、色彩鮮やかに描かれた愉快なお話です。

24

ふしぎなキャンディーやさん〈新しいえほん〉

みやにしたつや（作・絵）、金の星社

ブタくんが森の中で不思議なキャンディーやさんを見つけます。そのキャンディーをなめると……。キャンディーの面白さとストーリー展開が際立つ、楽しい作品です。

25

中山千夏の絵本どんなかんじかなぁ

中山千夏（文）、和田誠（絵）、自由国民社

友だちのまりちゃんは目が見えない。見えないってどんな感じかなぁ……。さまざまな人の立場に想像をめぐらせて経験していく1冊。自分の見方や考え方を広げてくれるお話です。

26

おおきくなるっていうことは〈ピーマン村の絵本たち〉

中川ひろたか（文）、村上康成（絵）、童心社

大きくなるってどういうことなのか、読者である子どもが自分で考え、さらに、共感できるように書かれています。ぜひ、子どもと大人が一緒になって考えたい1冊です。

27

くらやみのなかのゆめ

クリス・ハドフィールド（作）、ザ・ファン・ブラザーズ（絵）、さくまゆみこ（訳）、小学館

カナダ人として初めて宇宙飛行士になった自身の体験を元に描かれた作品です。闇の中で自分を見つめること、そして、夢をもつことの大切さを伝えてくれる1冊です。

28
ひろしまのピカ〈記録のえほん〉
丸木俊（文・絵）、小峰書店

１９４５年8月6日、広島に恐ろしい光が突き抜けます。多くの人々の命が失われた原子爆弾の光でした。後の世代へ継承していかなければならない平和への祈りが込められた１冊です。

29
北斎の絵本 富士山みえた〜!!〈小学館あーとぶっく15〉
葛飾北斎（画）、結城昌子（構成・文）、小学館

葛飾北斎の代表作「富嶽三十六景」を見ながら、富士とともに生きる江戸の人々が登場します。絵画を通して、当時の暮らしを体感できるとともに、北斎のダイナミックな構図と遠近感を味わうことができます。

30
アリのたんけん〈ぴっかぴかえほん〉
栗林慧（著）、小学館

アリの目から見たら、バッタもトンボもダンゴムシも大迫力。登場する虫たちの細部まではっきりと見ることができます。読みながら子どもたちはアリになったつもりで虫の世界を探検していることでしょう。

31
ホネホネたんけんたい〈ホネホネ!?絵本シリーズ〉
西澤真樹子（監修・解説）、大西成明（写真）、松田素子（文）、アリス館

ヘビやカメなどいろいろな動物の骨を写真で紹介して、不思議や秘密を解き明かしていきます。巻末のイラスト解説ページでは、標本のつくり方なども紹介されています。

32
ふゆめがっしょうだん〈かがくのとも絵本〉
冨成忠夫・茂木透（写真）、長新太（文）、福音館書店

木の芽の冬の姿を撮影した写真絵本です。ひとつひとつの木の芽をよく見ると、ウサギ、コアラ……と動物たちの顔に見えてきます。ページをめくるたび、自然と笑顔になる１冊です。

33 いっしょだよ〈森の写真絵本　三部作〉
小寺卓矢（写真・文）、アリス館

森の中で生きものたちがお互いに支え合って生きている様子が描かれている写真絵本です。題名の「いっしょ」に込められた、共に生きる命を見つめることができる作品です。高学年にもおすすめしたい1冊。

34 のはらうたⅠ
くどうなおこ（作）、童話屋

「こねずみしゅん」「かたつむりでんきち」……のはらむらに住むみんなのうたが詰まっています。言葉のリズムが特徴的で、声に出して読むとさらに楽しむことができます。

35 ことばあそびうた〈日本傑作絵本シリーズ〉
谷川俊太郎（詩）、瀬川康男（絵）、福音館書店

「ことばあそび」の本です。「かっぱらっぱかっぱらった」という風にことばの音から語感やリズムを楽しむことができる1冊です。まさに「遊び」を通して、ことばのイメージを豊かに楽しむことができます。

中学年（3・4年生向き）：33冊

1 わすれられないおくりもの〈スーザン・バーレイの絵本〉
スーザン・バーレイ（作・絵）、小川仁央（訳）、評論社

アナグマは、優しくて、友だちからも頼りにされていました。ある日、アナグマは死んでしまいます。悲しみにくれる動物たちがそれぞれ思い出を語り合ううちに大切なものを残してくれたことに気づきます。

2
花さき山〈滝平二郎の絵本〉
斎藤隆介（作）、滝平二郎（絵）岩崎書店

山菜を取りにいき、道に迷ったあやの前にやまんばが現れます。優しいことをすると美しい花がひとつ咲くという感動的なお話です。黒と花の色彩を切り絵で表現した絵本版もおすすめします。

3
エルマーのぼうけん〈世界傑作童話シリーズ〉
ルース・スタイルス・ガネット（作）、ルース・クリスマン・ガネット（絵）、渡辺茂男（訳）福音館書店

年とったのらねこからりゅうの子どもの話を聞いたエルマーは、冒険の旅に出ます。リュックに詰めた意外なものが冒険では見事に活躍します。知恵を使って解決策を見いだすエルマーの姿に勇気をもらいます。

4
ヒキガエルとんだ大冒険①火曜日のごちそうはヒキガエル〈新版〉
ラッセル・E・エリクソン（作）、ローレンス・ディ・フィオリ（絵）、佐藤凉子（訳）、評論社

冬のある日、ヒキガエルのウォートンはミミズクにつかまってしまいます。しかし、その後の２人の関係は……。ミミズクの心情の変化が見事に描かれ、心の交流に注目したい１冊です。

5
１００万回生きたねこ〈講談社の創作絵本〉
佐野洋子（文・絵）、講談社

あるとき、ねこは誰のねこでもないのらねことなり、１匹の白ねこに恋をします。さまざまな年代、立場からそれぞれにメッセージを受け止めることができるストーリーだと言えます。

6
ココロ屋
梨屋アリエ（作）、菅野由貴子（絵）、文研出版

「ココロを入れかえなさい」と先生におこられて、教室からにげだしたぼくの目の前にココロ屋が現れます。ココロ屋のおじさんの言葉でぼくは気づきます。子どもと読みたい「心」を題材にした１冊。

7

大どろぼうホッツェンプロッツ〈偕成社文庫〉

オトフリート・プロイスラー（作）、中村浩三（訳）、偕成社

おばあさんが大切にしていたコーヒーひきが、大どろぼうホッツェンプロッツに盗まれてしまいます。２人の少年が知恵と勇気で立ち向かいます。テンポのよい展開と個性豊かな登場人物が魅力的なお話です。

8

でんでんむしのかなしみ〈新美南吉ようねん童話絵本〉

新美南吉（作）、井上ゆかり（絵）、保坂重政（編）、にっけん教育出版社

『ごんぎつね』『手ぶくろを買いに』で知られる新美南吉の作品。悲しみを乗り越えて生きるということを伝えています。子どもだけでなく、大人も一緒に読みたい１冊です。

9

ルドルフとイッパイアッテナ〈児童文学創作シリーズ〉

斉藤洋（作）、杉浦範茂（絵）、講談社

ある日、黒ねこのルドルフはトラックに乗って東京まで来てしまいます。そこで、のらねこのイッパイアッテナと出会います。飼い主リエちゃんのもとに帰る計画を立てますが……。勇気と友情の物語です。

10

かたあしだちょうのエルフ〈おはなし名作絵本〉

小野木学（文・絵）、ポプラ社

ある日、子どもたちを守ってライオンとたたかったエルフは、大切な脚を１本失ってしまいます。エルフの優しさと勇気ある行動に心を打たれる、読み継いでいきたい作品です。

11

としょかんライオン〈海外秀作絵本〉

ミシェル・ヌードセン（作）、ケビン・ホークス（絵）、福本友美子（訳）、岩崎書店

ある日、街の図書館にライオンが入ってきます。やがて、ライオンはみんなと仲良しに……。図書館を舞台に、ライオンと大人たちや子どもたちとの心の交流を描いた物語です。

12
ドリトル先生航海記〈新版〉〈岩波少年文庫　ドリトル先生物語〉
ヒュー・ロフティング（作）、井伏鱒二（訳）、岩波書店

動物とお話ができる獣医にして博物学者のドリトル先生。航海に出てクモサル島に上陸します。ストーリー展開の面白さもさることながら、登場人物も魅力いっぱいのシリーズ作品です。

13
びりっかすの神様〈偕成社文庫〉
岡田淳（作）、偕成社

転校してきた木下始があいさつをしようとしたときに見たものは、背中に小さな翼をつけて飛ぶ小さな男の子でした。ファンタジー作品の多い岡田淳さんの作品では、『ふしぎの時間割』もおすすめです。

14
まちんと〈新編・絵本平和のために〉
松谷みよ子（文）、司修（絵）、偕成社

題名の「まちんと」は、幼い女の子が「もうちょっと」とねだった言葉です。広島の原爆が題材です。戦争を二度と繰り返してはならないという平和へのメッセージが伝わる１冊です。

15
うそ
中川ひろたか（作）、ミロコマチコ（絵）、金の星社

「うそをつくのはいけないことだけど、うそをついてないひとなんているのかなあ？」とうそを見つめ、人が生きることを深く考えるお話。子どもと大人が一緒になって考えたい１冊です。

16
時計つくりのジョニー
エドワード・アーディゾーニ（作）、阿部公子（訳）、こぐま社

手先が器用でものをつくるのが大好きなジョニーは、ある日、本物の大時計をつくろうとします。好きなことに夢中で打ち込むジョニーの姿が生き生きと描かれ、子どもたちも元気をもらうことでしょう。

17

わたしの足は車いす〈あかね・新えほんシリーズ〉

フランツ＝ヨーゼフ・ファイニク（作）、フェレーナ・バルハウス（絵）、ささきたづこ（訳）、あかね書房

足が不自由な女の子アンナは、おつかいを頼まれます。アンナの悲しみや誇り、うれしさなどの感情が、自然に描かれています。社会のあり方について考えさせられる1冊です。

18

点子ちゃん

野田道子（作）、太田朋（絵）、毎日新聞社

小学4年生の一平のクラスに、全盲の女の子が転校してきました。子どもたちの純粋な思いと優しさが描かれています。点子ちゃんの「目の見える人は暗闇が怖いのね」という言葉には考えさせられます。

19

今日からは、あなたの盲導犬〈いのちのえほん〉

日野多香子（文）、増田勝正（写真）、岩崎書店

盲導犬と指導員、盲導犬を得て社会にふみだす女性の様子が写真で紹介されています。本の中で描かれたエピソードを知ると、あらためて共生について考えさせられます。

20

ふしぎなともだち

たじまゆきひこ（作）、くもん出版

島の小学校に転校してきたゆうすけくんは自閉症のやっくんと出会います。2人は友だちになり、そして大人へと成長します。ともに育ち、ともに生きることをテーマに描かれた作品です。

21

ぼくはうちゅうじん

中川ひろたか（作）、はたこうしろう（絵）、アリス館

キャンプに来て、星やお月さまを見ていると、お父さんやお母さんと星や宇宙へと話題が広がり……。地球から宇宙へと夢を広げる子どもたちのきっかけとなる1冊です。

22
ファーブル昆虫記〈ポプラ世界名作童話〉
J・H・ファーブル（作）、伊藤たかみ（文）、大庭賢哉（絵）、ポプラ社

『ファーブル昆虫記』を再構成した1冊。昆虫の暮らしが魅力的に描かれていて、子どもは夢中で虫の世界に入っていくことでしょう。『ファーブル昆虫記の虫たち』熊田千佳慕（絵・文）も併せて読んでみてください。

23
干し柿〈あかね・新えほんシリーズ〉
西村豊（写真・文）、あかね書房

干し柿の説明、つくり方、そして美しさを伝えてくれる写真絵本です。たくさんの柿が並ぶ様子は、圧倒的な美しさです。自然と人とがつくり出す日本の美しい食文化を紹介しています。

24
風の島へようこそ くりかえしつかえるエネルギー
アラン・ドラモンド（作）、まつむらゆりこ（訳）、福音館書店

デンマークのサムス島で風力を利用した自然エネルギーで発電しようとした、教師だったハーマンセンさんの実話にもとづくお話。科学的な側面だけでなく、人々のつながりの強さも感じることができます。

25
ちきゅうがウンチだらけにならないわけ〈福音館の科学シリーズ〉
松岡たつひで（作）、福音館書店

「えっ」と思う題名からは、想像できないほど自然界の不思議が詰まった1冊です。ウンチの自然界のなかでの役割を理解できるとともに、問題提起で終わる部分は親子で一緒に考えるきっかけになります。

26
字のないはがき
向田邦子（原作）、角田光代（文）、西加奈子（絵）、小学館

戦時中、疎開するとき、お父さんはちいさな妹に「元気なときは大きな○を書くように」とたくさんのはがきを渡します。向田邦子の妹とお父さんのエピソードを綴《つづ》った実話です。

27

ともだちのしるしだよ

カレン・リン・ウィリアムズ、カードラ・モハメッド（作）、ダーグ・チャーカ（絵）、小林葵（訳）、岩崎書店

難民キャンプに暮らすリナは救援物資のなかに片方だけのサンダルを見つけます。もう片方はフェローザが持っていました。リナの家族は移民手続きが認められアメリカへ移住しますが……。1足のサンダルによって結ばれた少女たちの友情物語です。

28

サニーのおねがい　地雷ではなく花をください

葉祥明（絵）、柳瀬房子（文）、自由国民社

平和な世界をみんなで目指そうと、うさぎのサニーが地雷について教えています。巻末にある黒柳徹子さんの文章も併せて読んでみてください。本の収益は地雷撤去活動に使われ、絵本1冊の収益で10平方メートルの地雷原がクリアな土地になります。

29

すごいね！みんなの通学路〈世界に生きる子どもたち〉

ローズマリー・マカーニー（文）、西田佳子（訳）、西村書店

世界中の子どもたちはどうやって通学しているのか、その姿を捉えた写真絵本です。毎日懸命に学校へと向かう、そのひたむきな姿からは、勇気と元気をもらえます。

30

そうだったのか！しゅんかん図鑑

伊知地国夫（写真）、小学館

消える、はじける、割れる……と肉眼では見えないその「瞬間」を撮影し、解説した図鑑です。「すごい、そうなっていたのか」と感動するとともに科学への興味が湧くこと間違いなしです。

31

オオカミがとぶひ〈こどもプレス〉

ミロコマチコ（著）、イースト・プレス

迫力のある絵と詩的な文章が重なったダイナミックな作品です。想像力あふれる面白さ。子どもたちは読んでいて、この作品に惹《ひ》きつけられること間違いなしです。

32

しゃべる詩あそぶ詩きこえる詩

はせみつこ（編）、飯野和好（絵）、冨山房

詩のイメージが変わることでしょう。思わず声に出して遊んでみたくなります。ほかにも『おどる詩あそぶ詩きこえる詩』や『みえる詩あそぶ詩きこえる詩』もおすすめです。

33

どうぶつ句会

あべ弘士（作・絵）、学研プラス

フクロウの雪野袋さんの俳句会では、動物たちが個性豊かな俳句を詠んでいきます。俳句に対するイメージも変わることでしょう。オノマトペを使った俳句『どうぶつ句会オノマトペ』もおすすめです。

高学年（5・6年生向き）：33冊

1 WONDER（ワンダー）
R・J・パラシオ（作）、中井 はるの（訳）、ほるぷ出版

生まれつき顔に遺伝的な症状があるオーガストが学校に通うことになります。しかし、周りの友だちは彼の顔を見ると、やがて避けるようになります……。登場人物が抱く、さまざまな葛藤は、読者に共感を覚えさせます。

2 チョコレート工場の秘密〈ロアルド・ダールコレクション〉
ロアルド・ダール（著）、クェンティン・ブレイク（絵）、柳瀬尚紀（訳）、評論社

チャーリーが住んでいる町には、世界一有名なチョコレート工場がある。そこへ5人の子どもたちが招待されることになって……。物語の世界にあっという間に引き込まれ、最後までドキドキする作品です。

3 ねらわれた星〈星新一ショートショートセレクション〉
星新一（著）、和田誠（絵）、理論社

SF短編の名手と呼ばれる星新一の1冊。斬新なストーリー展開で、意外な結末に読者は驚きとともに感動を覚えます。短編集ですので、電車などの移動時や朝の読書時に最適です。

4 ぼくたちのリアル
戸森しるこ（著）、佐藤真紀子（絵）、講談社

人気者と転校生と平凡なぼく、3人の少年の5年生の春と夏の思い出が描かれています。多くのテーマを含んでおり、高学年の子どもたちが共感できる友情が伝わる作品です。

5
モモ〈岩波少年文庫〉
ミヒャエル・エンデ（作）、大島かおり（訳）、岩波書店

町はずれの円形劇場跡に迷い込んだ不思議な少女モモ。そこへ時間泥棒たちが……。解決に向けて物語が急展開する後半は、もう読むのを止められません。同じ著者の『はてしない物語』もおすすめです。

6
アンジュール ある犬の物語
ガブリエル・バンサン（作）、BL出版

高級な車から放り出されて、1匹の犬が置き去りにされます。救いを求めるように人に近づきますが、追い払われます。その描写は、読んでいて切ない気持ちになります。

7
銀河鉄道の夜〈新装版〉〈講談社青い鳥文庫 宮沢賢治童話集3〉
宮沢賢治（作）、太田大八（絵）、講談社

貧しく孤独な少年ジョバンニが、親友カムパネルラと銀河鉄道に乗って美しく哀しい夜空の旅をしていきます。美しい神秘的な世界が目に浮かぶような表現であふれています。『雨ニモマケズ』も収録されています。

8
かべのむこうになにがある？
ブリッタ・テッケントラップ（作）、風木一人（訳）、BL出版

大きな赤い壁がありました。知りたがりの小さなねずみは、壁の向こうに何があるのか気になって、みんなに聞いてまわります……。ねずみの勇気と希望を感じる結末が物語を読んだあとも心に残ります。

9
窓ぎわのトットちゃん〈講談社青い鳥文庫〉
黒柳徹子（著）、いわさきちひろ（絵）、講談社

トットちゃんがトモエ学園で、友だちとのびのび成長していく、黒柳徹子さんの自伝的物語です。校長先生の情熱と温かさにあふれた「きみは、本当は、いい子なんだよ」は印象的な言葉として残ります。

10

しらんぷり〈梅田俊作・佳子の本〉

梅田俊作（作・絵）、梅田佳子（作）、ポプラ社

クラスメイトのドンチャンがいじめにあっている。ぼくは、しらんぷりしている。いじめについて、真正面から向き合った作品です。この1冊をきっかけに、いじめについて親子で話し合いたいものです。

11

ホームランを打ったことのない君に

長谷川集平（著）、理論社

あきらめずにがんばろう……。夢に向かって歩き続けることの大切さについて、野球が大好きな少年ぼくと、野球を愛し続ける仙吉との心の交流が描かれています。勇気づけられる1冊。

12

精霊の守《も》り人

上橋菜穂子（作）、二木真希子（絵）、偕成社

女ながら腕のたつ女性の用心棒であるバルサは、皇子チャグムの命を救うが……。過酷な運命に翻弄される登場人物たちの前向きに力強く生き抜こうとする姿に、読者として何度も勇気づけられます。

13

バッテリー

あさのあつこ（著）、佐藤真紀子（絵）、教育画劇

父の転勤で巧は岡山の県境の街に引っ越してきます。巧の前に同級生の豪が現れ、バッテリーを組むことになりますが……。自分の力だけを信じて生きてきた巧の心の揺れ動きを描き出したパワーのある名作です。

14

夏の庭—The Friends—

湯本香樹実（作）、徳間書店

人が死ぬところが見たいと、老人を見張ることにした3人の少年。老人と少年たちに奇妙な友情が芽生え始めます。多感な少年たちと孤独な老人との心の交流を通して、それぞれの旅立ちが描かれています。

15

こちら『ランドリー新聞』編集部

アンドリュー・クレメンツ（作）、田中奈津子（訳）、伊東美貴（絵）、講談社

カーラが作成した「ランドリー新聞」が学校中の評判になります。表現の自由について考え始めた子どもたちと先生の姿を描いた物語です。ひとりの読者として考えさせられる1冊です。

16

君たちはどう生きるか〈ポプラポケット文庫〉

吉野源三郎（著）、ポプラ社

コペル君は、自分や自分の身の回りに起こる差別や友情について、おじさんに相談します。一方、おじさんは人生や社会の見方について、ナポレオンやニュートンなどを例に答えていきます。

17

生命の樹 チャールズ・ダーウィンの生涯

ピーター・シス（文・絵）、原田勝（訳）、徳間書店

「進化論」を発表した博物学者ダーウィンの生涯を繊細で緻密な絵で描き上げた作品です。芸術性が高く、科学好きを魅了します。自分のやりたいことを生涯貫き通したダーウィンの生き方に感銘を受けます。

18

ピアノはともだち 奇跡のピアニスト 辻井伸行の秘密〈世の中への扉〉

こうやま のりお（著）、講談社

視覚に障がいをもつピアニスト辻井伸行さんの生い立ちが描かれています。その生い立ちは決して平坦《へいたん》なものではありませんでした。挑戦の連続で活動の舞台を広げていった生き方が描かれています。

19

フィボナッチ 自然の中にかくれた数を見つけた人

ジョセフ・ダグニーズ（文）、ジョン・オブライエン（絵）、渋谷弘子（訳）、さ・え・ら書房

花びらの数や葉っぱの生え方、植物のつるのうずまきなどに現れるフィボナッチ数列。発見した数学者レオナルド・フィボナッチの物語です。あらためて、数の世界って不思議だなと思う1冊です。

20

八月の光 失われた声に耳をすませて

朽木祥（著）、小学館

原爆投下によって、人々のかけがえのない日常はどう奪われたのか。生きのびた人々の物語として、声を拾い上げ祈りを込めた短編連作です。忘れてはならない、目をそらしてはいけない7つの物語です。

21

絵で読む広島の原爆〈福音館の科学シリーズ〉

那須正幹（文）、西村繁男（絵）、福音館書店

太平洋戦争時、広島の町が原爆投下により、壊滅的な状況となった様子が絵と文で再現され、語られています。原爆の恐ろしさが伝わります。一方で、現在を表す絵が、人間の可能性と素晴らしさを伝えています。

22

エリカ 奇跡のいのち

ルース・バンダー・ジー（文）、ロベルト・インノチェンティ（絵）、柳田邦男（訳）、講談社

第2次世界大戦中のドイツで奇跡的に生きのびた、ひとりの女性の物語が描かれています。絶望的な状況のなか、エリカの両親が下した究極の選択に胸が痛みます。戦争について考える1冊。

23

平和の種をまく ボスニアの少女エミナ〈いのちのえほん〉

大塚敦子（写真・文）、岩崎書店

ボスニア・ヘルツェゴビナの少女エミナの生活を追った写真絵本です。そこには戦争がなくなることを祈って皆が一緒に働く畑、コミュニティ・ガーデンがある。そこで彼らが心を通わせる姿が写し出されています。

24

ゴミにすむ魚たち〈世の中への扉〉

大塚幸彦（写真・文）、講談社

動物は人のせいにしません。環境に適応して生き延びる生きものの姿を、水中カメラマンが写真と文章で伝えています。環境についてあらためて考え、生活を見直すきっかけとなる本です。

25

ちいさなちいさな　めにみえないびせいぶつのせかい

ニコラ・デイビス（文）、エミリー・サットン（絵）、越智典子（訳）、出川洋介（監修）、ゴブリン書房

微生物と、人間の暮らしとの関わり、自然界での役割について、わかりやすく伝えているイギリスの科学絵本です。微生物とはどういうものかを新たな視点で見せてくれる科学の入門書です。

26

世界一おいしい火山の本　チョコやココアで噴火実験

林 信太郎（著）、川野郁代（絵）小峰書店

チョコやココアを使った実験を通して火山について解説しています。火山のしくみを知ることで、防災意識を高めるという目的がある本です。巻末にある参考文献は火山を詳しく知るための入口となっています。

27

写真化学絵本　ひとすじの光

ウォルター・ウィック（作・写真）、千葉茂樹（訳）、佐藤勝昭（監修）、小学館

「ミッケ！」シリーズの作者が手がけた科学絵本。光がどのようなものなのか、どのように生まれるのかを写真で解明しています。驚きと感動にあふれた美しい1冊で、ＳＴＥＭ教育の一環として活用できます。

28

ぼくらはみんな生きている　都市動物観察記

佐々木洋（著）、講談社

東京に住む野生動物と人間との関わりをわかりやすく紹介しています。都会の温暖化が多くの生きものたちに影響を与えていることなど、環境問題への言及は、親子で一緒に考えたい内容です。

29

もし地球に植物がなかったら？

きねふち なつみ（作）、真鍋 真、ジョン・ブルタン（監修）、あすなろ書房

植物の視点から地球の歴史を振り返っています。植物によって、この地球がどれほど大きな恩恵を受けてきたかがわかり、環境問題に目を向けずにはいられません。美しい木版画絵も魅力的な1冊です。

30

なぜ、めい王星は惑星じゃないの？　科学の進歩は宇宙の当たり前をかえていく

布施哲治（著）、くもん出版

２００６年の夏、準惑星というグループになっためい王星の出来事が解説されています。専門用語もやさしくていねいに説明されていて読みやすく、「科学の進歩」に触れることができる１冊です。

31

わたしのひかり

モリー・バング（作）、さくま ゆみこ（訳）、評論社

人間がどのように電気を手に入れているかを語る科学絵本です。さまざまな発電方法の短所と長所も解説しています。これからのエネルギー問題を考えていくきっかけになる１冊です。

32

井上ひさしの子どもにつたえる日本国憲法

井上ひさし（著）、いわさきちひろ（絵）、講談社

日本国憲法のもととなる考え方や、重要な条文の内容などについて、わかりやすく解説しています。井上ひさしが、憲法の大切さについて、実際の小学生に話した内容も収録されています。

33

よりぬきマザーグース〈岩波少年文庫〉

谷川俊太郎（訳）、鷲津名都江（編）、岩波書店

マザーグースのなかから有名な50編が英語の原詩とともに解説されていて、リズミカルな訳詞が生き生きとしていて楽しさを感じさせます。巻末の解説で詩の背景を理解することができます。

多様な感性を身につけるためのブックリスト145冊

●このブックリストの考え方

小学生の心の成長に合わせて、多様な感性を身につけるためのブックリストをつくりました。お子さんの成長段階や気持ちに合わせて、本を選ぶ際の参考にしてください。

「友だちとのつながりや思いやりの心を大切にしてほしいときに」〈20冊〉

友情

1 ないた赤おに〈大人になっても忘れたくない いもとようこ名作絵本〉
浜田廣介（作）、いもとようこ（絵）、金の星社

2 ろくべえまってろよ〈みるみる絵本〉
灰谷健次郎（作）、長新太（絵）、文研出版

3 あのときすきになったよ
薫くみこ（作）、飯野和好（絵）、教育画劇

4 いまからともだち〈学校がもっとすきになる絵本シリーズ〉
くすのきしげのり（作）、たるいしまこ（絵）、東洋館出版社

5 けんかのきもち〈からだとこころのえほん〉
柴田愛子（文）、伊藤秀男（絵）、ポプラ社

6 ともだちや〈おれたち、ともだち！絵本〉
内田麟太郎（作）、降矢なな（絵）、偕成社

7 ゆめうりふくろう〈くるしま童話名作選〉
久留島武彦（作）、遠山繁年（絵）、幻冬舎ルネッサンス新社

8 じっぽ まいごのかっぱはくいしんぼう〈あかね創作読物シリーズ〉
たつみや章（作）、広瀬弦（画）、あかね書房

9 秘密の花園〈ポプラポケット文庫　世界の名作〉
バーネット（著）、谷村まち子（訳）、ポプラ社

10 太陽の戦士〈岩波少年文庫〉
ローズマリ・サトクリフ（作）、猪熊葉子（訳）、岩波書店

11 泣けない魚たち〈講談社文庫〉
阿部夏丸（著）、講談社

12 冒険者たち ガンバと15ひきの仲間〈岩波少年文庫〉
斎藤惇夫（作）、薮内正幸（絵）、岩波書店

13 ぼくらの七日間戦争〈「ぼくら」シリーズ〉
宗田 理（著）、ポプラ社

思いやり

14 さっちゃんのまほうのて
たばたせいいち・先天性四肢障害児父母の会・野辺明子・しざわさよこ（共同制作）、偕成社

15 みえないって どんなこと？〈いのちのえほん〉
星川ひろ子（写真・文）、岩崎書店

16 新ちゃんがないた！〈文研じゅべにーる〉
佐藤州男（作）、長谷川集平（絵）、文研出版

17 ありがとう、フォルカーせんせい
パトリシア・ポラッコ（作・絵）、香咲弥須子（訳）、岩崎書店

18 だれもしらない
灰谷健次郎（作）、長谷川集平（絵）、あかね書房

19 わたしたち手で話します〈あかね・新えほんシリーズ〉
フランツ＝ヨーゼフ・ファイニク（作）、フェレーナ・バルハウス（絵）、ささき たづこ（訳）、あかね書房

20 犬たちがくれた音 聴導犬誕生物語〈フォア文庫〉
高橋うらら（著）、ＭＡＹＵＭＩ（写真）、金の星社

「命、家族の大切さについて考えてほしいときに」（20冊）

命

1 ずーっと ずっとだいすきだよ
ハンス・ウィルヘルム（絵と文）、久山太市（訳）、評論社

2 ぼくはねこのバーニーがだいすきだった
ジュディス・ボースト（作）、エリック・ブレグバッド（絵）、中村妙子（訳）、偕成社

3
いのちをいただく　みいちゃんがお肉になる日〈講談社の創作絵本〉
坂本 義喜（原案）、内田美智子（作）、
魚戸おさむとゆかいななかまたち（絵）、講談社

4
さいごうの　いちにち
ジーン・ウィリス（文）、トニー・ロス（絵）、小川 仁央（訳）、
評論社

5
おじいちゃんがおばけになったわけ
キム・フォップス・オーカソン（文）、エヴァ・エリクソン（絵）、
菱木晃子（訳）、あすなろ書房

6
3年2組は牛を飼います〈文研ブックランド〉
木村セツ子（作）、相沢るつ子（絵）、文研出版

7
わたしのいもうと〈新編・絵本平和のために〉
松谷みよ子（文）、味戸ケイコ（絵）、偕成社

8
100グラムのいのち
ペットを殺処分から救う奇跡の手
太田京子（著）、岩崎書店

9
いのちかがやけ！　タイガとココア
障がいをもって生まれたアムールトラのきょうだい
あんず ゆき（文）、文溪堂

10
ちいさないのち〜最古の大陸、オーストラリア〜
相原正明（著）、小学館

戦争

11
えんぴつびな
長崎源之助（作）、長谷川知子（絵）、金の星社

12
かわいそうなぞう
つちやゆきお（文）、たけべもといちろう（絵）、金の星社

13
いわたくんちのおばあちゃん
天野夏美（作）、はまのゆか（絵）、主婦の友社

14
ノベライズ 夕凪の街 桜の国〈双葉社ジュニア文庫〉
こうの史代（原作・イラスト）、蒔田陽平（ノベライズ）、双葉社

15
ぼくは満員電車で原爆を浴びた　11歳の少年が生きぬいたヒロシマ
米澤鐵志（語り）、由井りょうこ（文）、小学館

家族

16 もりのおとぶくろ
わたりむつこ（作）、でくねいく（絵）、のら書店

17 おかあさんがおかあさんになった日
〈絵本・こどものひろば〉
長野ヒデ子（作）、童心社

18 あのね、わたしのたからものはね〈幼年翻訳どうわ〉
ユードリィ（作）、ミル（絵）、川合知子（訳）、偕成社

19 父さんが帰らない町で
キース・グレイ（作）、野沢佳織（訳）、金子恵（絵）、徳間書店

20 おひさまいろのきもの〈日本傑作絵本シリーズ〉
広野多珂子（作・絵）、福音館書店

「もっとチャレンジして、自分をもっと活かしてほしいときに」（15冊）

勇気

1 しっぱいにかんぱい！〈かんぱい！シリーズ〉
宮川ひろ（作）、小泉るみ子（絵）、童心社

2 長くつ下のピッピ〈リンドグレーン・コレクション〉
アストリッド・リンドグレーン（作）、イングリッド・ヴァン・ニイマン（絵）、菱木晃子（訳）、岩波書店

3 くちぶえ番長〈新潮文庫〉
重松 清（著）、新潮社

冒険

4 シンドバッドの冒険
ルドミラ・ゼーマン（文・絵）、脇明子（訳）、岩波書店

5 二年間の休暇（上）（下）〈福音館文庫〉
ジュール・ベルヌ（作）、朝倉剛（訳）、太田大八（画）、福音館書店

6 世界名作シリーズトム・ソーヤの冒険〈小学館ジュニア文庫〉
マーク・トウェイン（作）、田邊雅之（監訳）、日本アニメーション（絵）、小学館

7 宇宙人のしゅくだい〈講談社青い鳥文庫〉
小松左京（著）、堤直子（絵）、講談社

8 二分間の冒険〈偕成社文庫〉
岡田淳（著）、偕成社

伝記

9 マザー・テレサ あふれる愛〈講談社青い鳥文庫〉
沖 守弘（文・写真）、講談社

10 『沈黙の春』で地球の叫びを伝えた科学者レイチェル・カーソン〈人物伝記ライブラリー〉
ジンジャー・ワズワース（著）、上遠恵子（訳）、偕成社

11 ユージン・スミス 楽園へのあゆみ
土方正志（著）、偕成社

12 肥後の石工〈岩波少年文庫〉
今西祐行（作）、岩波書店

13 マララ 教育のために立ち上がり、世界を変えた少女
マララ・ユスフザイ、パトリシア・マコーミック（著）、道傳愛子（訳）、岩崎書店

14 杉原千畝物語 命のビザをありがとう〈フォア文庫〉
杉原幸子・杉原弘樹（著）、金の星社

15 あきらめないこと、それが冒険だ エベレストに登るのも冒険、ゴミ拾いも冒険！
野口健（著）、学研プラス

「追究する気持ちを育てたいときに」（21冊）

生活

1 いいことってどんなこと〈こどものとも絵本〉
神沢利子（作）、片山健（絵）、福音館書店

2 津波!! 命を救った稲むらの火
小泉八雲（原作）、高村忠範（文・絵）、汐文社

3 じめんのうえとじめんのした〈福音館の科学シリーズ〉
アーマ・E・ウェバー（文・絵）、藤枝澪子（訳）、福音館書店

4 こども文様ずかん
下中菜穂（著）、平凡社

5 田んぼの一年
向田智也（著）、小学館

科学・環境

6 さすらいのハンターカマキリの生きかた〈小学館の図鑑NEOの科学絵本〉
筒井 学（写真・文）、小学館

7
カブトムシがいきる森〈小学館の図鑑NEOの科学絵本〉
筒井 学（写真・文）、小学館

8
こいぬがうまれるよ〈福音館の科学シリーズ〉
ジョアンナ・コール（文）、ジェローム・ウェクスラー（写真）、
坪井郁美（訳）、福音館書店

9
わらうプランクトン〈小学館の図鑑NEOの科学絵本〉
平井明夫（著）、小学館

10
ファーブル昆虫記の虫たち1〜5
熊田千佳慕（絵・文）、小学館

11
ナヌークの贈りもの
星野道夫（写真・文）、小学館

12
月のかがく
えびなみつる（絵・文）、渡部潤一（監修）、中西昭雄（写真）、旬報社

13
季節のごちそうハチごはん
横塚眞己人（写真・文）、ほるぷ出版

14
1つぶのおこめ さんすうのむかしばなし
デミ（作）、さくまゆみこ（訳）、光村教育図書

15
ゆりかごは口の中 子育てをする魚たち
桜井淳史（著）、岩崎保宏（絵）、ポプラ社

16
シートン動物記〈ビジュアル特別版〉上巻
正岡慧子（文）、木村修（絵）、世界文化社

17
いっぽんの鉛筆のむこうに〈たくさんのふしぎ傑作集〉
谷川俊太郎（文）、坂井信彦（ほか写真）、堀内誠一（絵）、
福音館書店

18
プラスチックのうみ
ミシェル・ロード（作）、ジュリア・ブラットマン（絵）、川上拓土（訳）、
小学館

19
ライト兄弟はなぜ飛べたのか
紙飛行機で知る成功のひみつ〈やさしい科学／実験〉
土佐幸子（著）、さ・え・ら書房

20
漁師さんの森づくり 森は海の恋人
畠山重篤（著）、スギヤマカナヨ（絵）、講談社

21
鉄は魔法つかい 命と地球をはぐくむ「鉄」物語
畠山重篤（著）、スギヤマカナヨ（絵）、小学館

「もっと、もっとお話の世界を楽しんでほしいときに」〈64冊〉

日本の昔話

1 びんぼうがみとふくのかみ〈日本名作おはなし絵本〉
富安陽子（文）、飯野和好（絵）、小学館

2 ねこのおんがえし〈よみたいききたい むかしばなし1〉
中川李枝子（文）、山脇百合子（絵）、のら書店

3 十二支のはじまり〈おひさまのほん〉
荒井良二（絵）、やまちかずひろ（文）、小学館

4 だいくとおにろく〈こどものとも絵本〉
松居直（再話）、赤羽末吉（絵）、福音館書店

5 八郎〈日本傑作絵本シリーズ〉
斎藤隆介（作）、滝平二郎（絵）、福音館書店

6 ちからたろう〈日本名作おはなし絵本〉
杉山亮（文）、伊藤秀男（絵）、小学館

7 吉四六さん〈寺村輝夫のとんち話〉
寺村輝夫（文）、ヒサクニヒコ（絵）、あかね書房

8 三ねんねたろう〈むかしむかし絵本〉
大川悦生（文）、渡辺三郎（絵）、ポプラ社

9 ねずみのすもう〈子どもがはじめてであう民話〉
大川悦生（作）、梅田俊作（絵）、ポプラ社

10 こんこんさまにさしあげそうろう
森はな（作）、梶山俊夫（絵）、ＰＨＰ研究所

11 遠野物語
柳田國男（原作）、柏葉幸子（編・著）、田中六大（絵）、偕成社

物語

12 とべバッタ
田島征三（著）、偕成社

13 あおくんときいろちゃん
レオ・レオーニ（作）、藤田圭雄（訳）、至光社

14 きょだいなきょだいな〈こどものとも絵本〉
長谷川摂子（作）、降矢なな（絵）、福音館書店

15 キャベツくん〈みるみる絵本〉
長新太（文・絵）、文研出版

16 あいうえおうさま
寺村輝夫（文）、和歌山静子（絵）、杉浦範茂（デザイン）、理論社

17
花いっぱいになあれ〈大日本ようねん文庫〉
松谷みよ子（作）、司修（絵）、大日本図書

18
おにたのぼうし〈おはなし名作絵本〉
あまんきみこ（文）、いわさきちひろ（絵）、ポプラ社

19
おまえ　うまそうだな
宮西達也（作・絵）、ポプラ社

20
タンゲくん〈日本傑作絵本シリーズ〉
片山健（著）、福音館書店

21
わたしのワンピース
にしまきかやこ（絵・文）、こぐま社

22
11ぴきのねこ
馬場のぼる（作）、こぐま社

23
こぎつねコンとこだぬきポン〈童心社の絵本〉
松野正子（文）、二俣英五郎（絵）、童心社

24
中国の民話　王さまと九人のきょうだい
君島久子（訳）、赤羽末吉（絵）、岩波書店

25
どろんこハリー〈世界傑作絵本シリーズ〉
ジーン・ジオン（文）、マーガレット・ブロイ・グレアム（絵）、
渡辺茂男（訳）、福音館書店

26
チムとゆうかんなせんちょうさん
〈世界傑作絵本シリーズ〉
エドワード・アーディゾーニ（作）、瀬田貞二（訳）、福音館書店

27
韓国のむかしばなし　とらとほしがき
パク・ジェヒョン（再話・絵）、おおたけきよみ（訳）、光村教育図書

28
せかいいちおいしいスープ〈大型絵本〉
マーシャ・ブラウン（文・絵）、こみやゆう（訳）、岩波書店

29
きょうはみんなでクマがりだ〈新版〉
マイケル・ローゼン（再話）、ヘレン・オクセンバリー（絵）、
山口文生（訳）、評論社

30
くまの子ウーフ〈くまの子ウーフの童話集〉
神沢利子（作）、井上洋介（絵）、ポプラ社

31
フレデリック　ちょっとかわったのねずみのはなし
レオ・レオニ（作）、谷川俊太郎（訳）、好学社

32
どろんこぶた〈ミセスこどもの本〉
アーノルド・ローベル（作）、岸田衿子（訳）、文化出版局

33
車のいろは空のいろ　白いぼうし〈ポプラポケット文庫〉
あまんきみこ（作）、北田卓史（絵）、ポプラ社

34
手ぶくろを買いに〈日本の童話名作選〉
新美南吉（作）、黒井健（絵）、偕成社

35 小さなスプーンおばさん〈新しい世界の童話シリーズ〉
アルフ・プリョイセン（作）、ビョールン・ベルイ（絵）、大塚勇三（訳）、学研プラス

36 くまのパディントン〈世界傑作童話シリーズ〉
マイケル・ボンド（作）、ペギー・フォートナム（絵）、松岡享子（訳）、福音館書店

37 黒ねこサンゴロウ 1 旅のはじまり
竹下文子（作）、鈴木まもる（絵）、偕成社

38 のろのろひつじとせかせかひつじ〈おはなしルネッサンス〉
蜂飼 耳（作）、ミヤハラヨウコ（絵）、理論社

39 長ぐつをはいたねこ
シャルル・ペロー（原作）、ウォルター・クレイン（絵）、秋野翔一郎（訳）、童話館出版

40 あらしのよるに
木村裕一（作）、あべ弘士（絵）、講談社

41 エパミナンダス〈愛蔵版おはなしのろうそく〉
東京子ども図書館（編）、大社玲子（絵）、東京子ども図書館

42 チョコレート戦争〈新・名作の愛蔵版〉
大石真（作）、北田卓史（絵）、理論社

43 エーミールと探偵たち〈岩波少年文庫〉
エーリヒ・ケストナー（作）、池田香代子（訳）、岩波書店

44 ヨハンナの電車のたび
カトリーン・シェーラー（作）、松永美穂（訳）、西村書店

45 天使のかいかた〈なかがわひろセレクション〉
なかがわちひろ（作）、理論社

46 クローディアの秘密（新版）〈岩波少年文庫〉
E・L・カニグズバーグ（作）、松永ふみ子（訳）、岩波書店

47 小さな町の風景〈偕成社文庫〉
杉みき子（作）、佐藤忠良（絵）、偕成社

48 オズの魔法使い〈福音館古典童話シリーズ〉
L・F・バウム（作）、渡辺茂男（訳）、ウィリアム・W・デンスロウ（絵）、福音館書店

49 風の又三郎（新装版）〈講談社青い鳥文庫 宮沢賢治童話集2〉
宮沢賢治（作）、太田大八（絵）、講談社

50 はてしない物語（上）（下）〈岩波少年文庫〉
ミヒャエル・エンデ（作）、上田真而子・佐藤真理子（訳）、岩波書店

51 太陽の子〈フォア文庫〉
灰谷健次郎（作）、田畑精一（絵）、理論社

52 片耳の大シカ〈椋鳩十全集2〉
椋鳩十（著）、ポプラ社

53 アントン 命の重さ
エリザベート・ツェラー（著）、中村智子（訳）、主婦の友社

54 西の魔女が死んだ〈新潮文庫〉
梨木香歩（著）、新潮社

55 だれも知らない小さな国〈新イラスト版〉
〈児童文学創作シリーズ コロボックル物語1〉
佐藤さとる（作）、村上勉（絵）、講談社

56 あしながおじさん〈岩波少年文庫〉
ジーン・ウェブスター（作）、谷口由美子（訳）、岩波書店

57 メアリー・ポピンズ〈ポプラ世界名作童話〉
P・L・トラヴァース（作）、富安陽子（文）、佐竹美保（絵）、
ポプラ社

58 霧のむこうのふしぎな町〈新装版〉〈講談社青い鳥文庫〉
柏葉幸子（作）、杉田比呂美（絵）、講談社

59 少年探偵 怪人二十面相〈ポプラ文庫〉
江戸川乱歩（作）、藤田新策（装丁・画）、ポプラ社

60 マヤの一生〈新版〉〈子ども図書館〉
椋鳩十（著）、吉井忠（絵）、大日本図書

61 魔女の宅急便〈福音館文庫〉
角野栄子（作）、林明子（絵）、福音館書店

62 星の王子さま 〈岩波少年文庫〉
サン＝テグジュペリ（作）、内藤濯（訳）、岩波書店

63 ウエズレーの国
ポール・フライシュマン（作）、ケビン・ホークス（絵）、千葉茂樹（訳）、
あすなろ書房

64 ナルニア国物語1ライオンと魔女〈カラー版〉
C・S・ルイス（作）、瀬田貞二（訳）、岩波書店

「言葉の面白さ、素晴らしさを実感してほしいときに」（5冊）

言葉

1 もけらもけら
山下洋輔（文）、元永定正（絵）、中辻悦子（構成）、福音館書店

2 かぞえうたのほん〈日本傑作絵本シリーズ〉
岸田衿子（作）、スズキコージ（絵）、福音館書店

3 せんりゅうのえほん〈ひまわりえほんシリーズ〉
西本鶏介（編・文）、斎藤隆夫（絵）、鈴木出版

4 点字どうぶつえん
菊地清（絵）、同友館

5 春の日や庭に雀の砂あひて　E・J・キーツの俳句絵本
リチャード・ルイス（編）、エズラ・ジャック・キーツ（絵）、
乾侑美子（訳）、偕成社

白坂洋一《しらさか・よういち》

筑波大学附属小学校国語科教諭。１９７７年鹿児島県生まれ。鹿児島県公立小学校教諭を経て、２０１６年より現職。学校図書国語教科書編集委員。『例解学習漢字辞典』（小学館）編集委員。全国国語授業研究会理事。「子どもの論理」で創る国語授業研究会会長。著書に『言語活動を充実させるノート指導』（学事出版）、編著に『「子どもの論理」で創る国語の授業――読むこと――』『「子どもの論理」で創る国語の授業――書くこと――』（明治図書）などがある。現在は特に、「書くこと」の指導と読書指導の研究に注力している。

デザイン　三木俊一（文京図案室）
装画　中島梨絵
選書協力　武隈順子　福島淳子
編集協力　野口孝行
編集　徳田貞幸

子どもを読書好きにするために親ができること

2020年11月1日　初版第1刷発行

著者　白坂洋一
発行人　金川浩
発行所　株式会社　小学館
〒101-8001
東京都千代田区一ツ橋2-3-1
電話　編集　03-3230-5170
販売　03-5281-3555
印刷所　図書印刷株式会社
製本所　牧製本印刷株式会社

ISBN978-4-09-388792-2